2025 NEW 공무원 국어

유대종의 새로운 시선
IN:SIGHT

— 유대종 국어 연구소 편저 —

서문

2025년부터 바뀌는 시험으로 인하여
많은 학생들이 혼란스러울 것이다.
처음 접하는 지문 중심의 문법,
처음 접하는 추론형 독해, 문학 작품 없는 문학 문제,
그리고 논리 문제에 이르기까지.
잘못 공부하면 비효율적인 학습을 하게 된다.
그럴 때의 결과 역시, 비효율적일 것이다.
결국에는 개념을 기반으로 한 사고력 시험이 될 것인데,
수능 현장에서 이러한 강의를 하고 있는 강사의 수업을
공무원 시험 준비 학생들이 듣는다면 좋을 것이라 생각한다.

공무원 인강에서 볼 수 없었던 사고력 중심의 강의로
여러분들과 소통하도록 하겠습니다.

목차

CH 1. 지문형 문법을 바라보는 새로운 시선 1　008

CH 2. 지문형 문법을 바라보는 새로운 시선 2　018

CH 3. 독해를 바라보는 새로운 시선 1　026

CH 4. 문학 평론을 바라보는 새로운 시선　034

CH 5. 독해를 바라보는 새로운 시선 2　050

CH 6. 논리를 바라보는 새로운 시선

058

CH 7. DO IT YOURSELF

066

정답과 해설

090

빠른 정답

104

지문형 문법이 나와서 많은 학생들이 당황했을 것이다. 암기 중심의 문항에서 탈피하려는 흔적은 문법에서 제일 많이 드러날 것이다.

출제자들은 지문을 반드시 읽어야 문제를 풀 수 있도록 장치해 두었다. 단, 어느 정도의 어휘력(개념)은 있어야 좀 더 빠르고 바르게 읽을 수 있을 것이다.

CH. 1

지문형 문법을 바라보는 새로운 시선 1

유대종의 새로운 시선

IN:SIGHT

유대종의 새로운 시선(IN:SIGHT)

CH 1. 지문형 문법을 바라보는 새로운 시선 1

〈NEW 시험 예시 문제〉 : 지문형 문법

01. 다음 글에서 추론한 내용으로 적절하지 <u>않은</u> 것은?   2025년도 9급 공무원 시험 출제 기조 전환 국어 예시문제

 '밤하늘'은 '밤'과 '하늘'이 결합하여 한 단어를 이루고 있는데, 이처럼 어휘 의미를 띤 요소끼리 결합한 단어를 합성어라고 한다. 합성어는 분류 기준에 따라 여러 방식으로 나눌 수 있다. 합성어의 품사에 따라 합성명사, 합성형용사, 합성부사 등으로 나누기도 하고, 합성의 절차가 국어의 정상적인 단어 배열법을 따르는지의 여부에 따라 통사적 합성어와 비통사적 합성어로 나누기도 하고, 구성 요소 간의 의미 관계에 따라 대등합성어와 종속합성어로 나누기도 한다.

 합성명사의 예를 보자. '강산'은 명사(강)+명사(산)로, '젊은이'는 용언의 관형사형(젊은)+명사(이)로, '덮밥'은 용언 어간(덮)+명사(밥)로 구성되어 있다. 명사끼리의 결합, 용언의 관형사형과 명사의 결합은 국어 문장 구성에서 흔히 나타나는 단어 배열법으로, 이들을 통사적 합성어라고 한다. 반면 용언 어간과 명사의 결합은 국어 문장 구성에 없는 단어 배열법인데 이런 유형은 비통사적 합성어에 속한다. '강산'은 두 성분 관계가 대등한 관계를 이루는 대등합성어인데, '젊은이'나 '덮밥'은 앞 성분이 뒤 성분을 수식하는 종속합성어이다.

① 아버지의 형을 이르는 '큰아버지'는 종속합성어이다.
② '흰머리'는 용언 어간과 명사가 결합한 합성명사이다.
③ '늙은이'는 어휘 의미를 지닌 두 요소가 결합해 이루어진 단어이다.
④ 동사 '먹다'의 어간인 '먹'과 명사 '거리'가 결합한 '먹거리'는 비통사적 합성어이다.

어휘력
* 관형사형 : 문장에서 용언의 어간에 붙어 관형사와 같은 기능을 수행하게 하는 어미이며, 관형사는 아니다.
* 어간 : 용언이 활용할 때 변하지 않는 부분

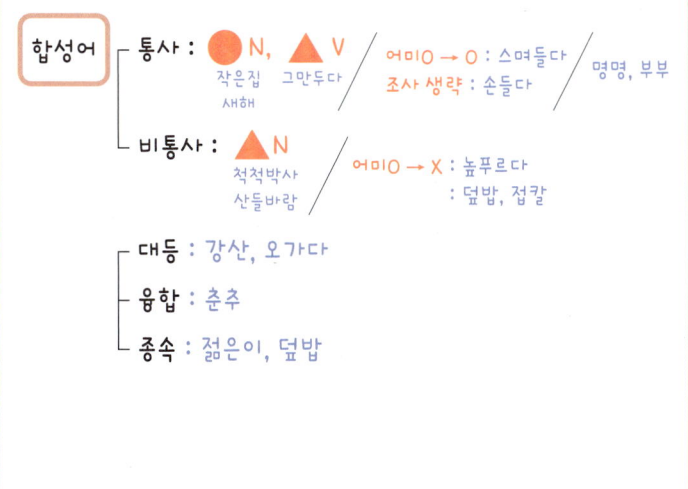

강사와의 약속 개념

● N = 관형어 + 체언
▲ V = 부사어 + 용언
명명 = 명사 + 명사
부부 = 부사 + 부사

리딩 체계화

- 수식 + 대수식

  (수식어+피수식어는 주어+서술어처럼 해석하자. 가령 '국어 문장 구성에 없는 단어 배열법인 비통사적 합성어'라고 하면 '비통사적 합성어란, 국어 문장 구성에 없는 단어 배열법이군.'이라고 주술관계로 치환해서 이해해 보는 것이다.)

- 병렬도 대비!

  (통사적 합성어와 비통사적 합성어라고 본문에 나와 있다. 이때, '통사적 합성어와 / 비통사적 합성어'라고 빗금을 치고 각각이 다름을 인지하는 것이 독해의 가장 기본적인 태도이다.)

★ 사고력 + 총체적 개념, 그것이 바뀐 시험의 핵심이다.

01. ②

정답 풀이 '흰머리'는 용언의 관형사형 '흰(용언의 어간 '희–' + 관형사형 어미 '–ㄴ')'과 명사 '머리'가 결합한 구조이므로 용언 어간과 명사가 결합했다는 설명은 적절하지 않다.

오답 풀이
① 두 번째 문단에 따르면, 앞 성분이 뒤 성분을 수식하는 구조의 단어는 종속합성어이다. '큰아버지'는 '큰'이 '아버지'를 수식하므로 종속합성어이다.
③ '늙은이'는 본문에 제시된 '젊은이'와 같은 구조의 단어로, 어휘 의미를 지닌 두 요소(늙은, 이)가 결합해 이루어진 합성어이다.
④ 두 번째 문단에 따르면 용언 어간과 명사의 결합은 비통사적 합성어이다. '먹거리'는 용언 어간 '먹–'과 명사 '거리'가 결합한 단어이므로 비통사적 합성어이다.

CH 1. 지문형 문법을 바라보는 새로운 시선 1

〈NEW대종의 예상 문제〉: 지문형 문법

02. 〈보기〉의 ㉠에 해당하는 예로 적절한 것은?

〈 보 기 〉

합성어는 어근과 어근이 결합하여 형성되는데, 어근들의 결합 방식에 따라 다음과 같이 둘로 나눌 수 있다. 우선 통사적 합성어는 어근들의 결합 방식이 일반적인 문장 구성 방식과 같은 합성어이며, ㉠비통사적 합성어는 어근들의 결합 방식이 일반적인 문장 구성 방식과 다른 합성어이다.

① 아이들이 <u>뛰노는</u> 소리가 밖에서 들렸다.
② 서로 <u>몰라볼</u> 정도로 세월이 많이 흘렀다.
③ 저마다의 <u>타고난</u> 소질을 계발하는 것이 중요하다.
④ <u>지난달</u>부터 공부를 열심히 했더니 자신감이 생겼다.

어휘력

* 어근: 단어를 분석할 때, 실질적 의미를 나타내는 중심이 되는 부분을 말한다. '풋사과'의 '사과'가 어근이라고 하며, 이때 '풋–'은 사과의 의미를 제한하는 접사가 된다.

개념어 맵핑

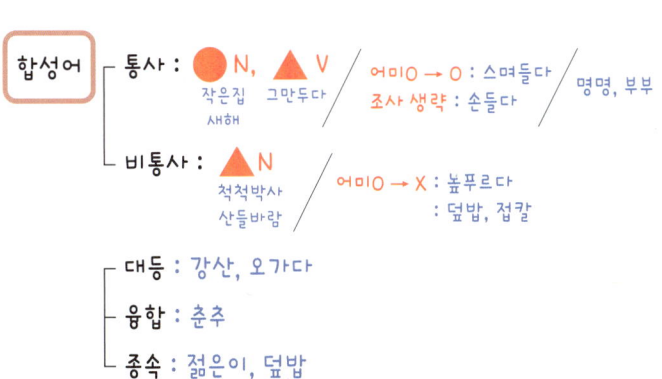

강사와의 약속 개념

●N = 관형어 + 체언

▲V = 부사어 + 용언

명명 = 명사 + 명사

부부 = 부사 + 부사

리딩 체계화

- 단어 자체에 집중!
  (합성어는 말 그대로 합성이다. 가령 작은집이라면 '작다+집'으로 단어들을 합칠 생각을 해 보자.)

- 병렬도 대비!
  (해당 지문도 마찬가지로 '통사적 합성어는~합성어이며, 비통사적 합성어는~합성어이다.'라고 병렬 구조로 기술되어 있다. 이때 이 둘의 다름을 인지하는 것이 중요하다.)

02. ①

정답 풀이 용언과 용언이 이어질 때는 연결 어미가 사용되는 것이 우리말의 일반적 문장 구성 방식이다. '뛰노는'은 '뛰-(용언의 어근) + 놀-(용언의 어근) + -는'으로 분석되는데, 이 경우 용언의 어근과 어근이 연결 어미 없이 결합되고 있으므로 이는 비통사적 합성어이다.

오답 풀이
② '몰라볼'은 '모르-(용언의 어근) + -아(연결 어미) + 보-(용언의 어근) + -ㄹ(관형사형 어미)'로 분석되는데, 용언과 용언이 연결 어미 '-아'로 이어져 있으므로 통사적 합성어이다.
③ '타고난'은 '타-(용언의 어근) + -고(연결 어미) + 나-(용언의 어근) + -ㄴ(관형사형 어미)'로 분석되는데, 용언의 어근 '타-'와 용언의 어근 '나-'가 연결 어미 '-고'로 이어져 있으므로 통사적 합성어이다.
④ 관형어가 체언을 수식하는 구조는 우리말의 일반적인 문장 구성 방식이다. '지난달'은 관형어 '지난'이 체언 '날'을 수식하는 구조이므로 통사적 합성어이다.

⟨NEW대종의 예상 문제⟩ : 지문형 문법

03. 다음 글에서 추론한 내용으로 적절하지 <u>않은</u> 것은?

    접사는 단어를 만드는 다양한 기능을 한다. 용언에 결합하여 명사를 만들기도 하고, 부사에 결합하여 동사를 만들기도 한다. 한편, 주동사에 결합하여 누군가에게 무언가를 하게 만드는 사동사를 만들기도 한다. 물론, 기존의 단어에 붙었음에도 품사를 바꾸거나 구조를 바꾸는 기능 없이 기존의 품사와 동일한 단어를 만들기도 한다.

① '넓이, 믿음, 크기, 지우개'에서는 용언에 결합하여 명사를 만든다.
② '끄덕이다, 출렁대다, 반짝거리다'에서는 부사에 결합하여 동사를 만든다.
③ '부채질, 풋나물, 휘감다, 빼앗기다'에서는 어근과 품사가 동일한 단어를 만든다.
④ '밀치다, 살리다, 입히다, 깨뜨리다'에서는 주동사에 결합하여 사동사를 만든다.

어휘력

* 접사 : 단독으로 쓰이지 않고, 다른 어근이나 단어에 붙어 새로운 단어를 구성하는 부분이다. 어근 앞에 위치하면 접두사, 어근 뒤에 위치하면 접미사라고 한다.

개념어 맵핑

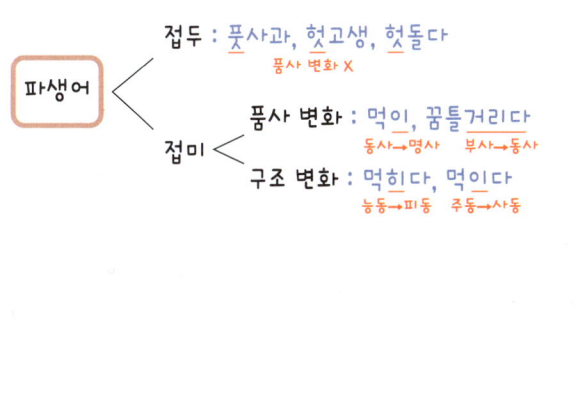

리딩 체계화

- 언제나 반대항을 떠올려라!

  (접사의 상대 개념은? 바로 어근이다. 그런데, 본문에서 어근이라는 단어는 안 나오지 않는가? 이렇게 직접적으로 언급되지 않더라도 상대적 개념을 떠올리자. 이런 유형의 문제에서는 결합된 형태에서 어근을 먼저 인지하면 훨씬 쉽게 풀릴 것이다. 앞으로도 이런 문제는 자주 접하게 될 것이다. 어근 / 접사의 상대적 개념을 총체적으로 잘 기억해 둔다면, 어떤 문제도 어렵지 않을 것이다.)

03. ④

정답 풀이 '밀치다, 살리다, 입히다, 깨뜨리다' 중 '살리다, 입히다'는 주동사 '살다, 입다'에 사동 접사 '-리-, -히-'가 결합하여 만들어진 사동사가 맞지만, '밀치다, 깨뜨리다'는 사동사가 아니다. '-치-'와 '-뜨리-'는 사동 접사가 아닌 '강조'의 뜻을 더하는 접사이다. 그러므로 제시된 단어에 사용된 접사의 공통점으로 사동사를 만드는 역할을 한다는 말은 적절하지 않다.

오답 풀이
① '넓이, 믿음, 크기, 지우개'는 용언의 어근 '넓-, 믿-, 크-, 지우-'에 접사 '-이, -음, -기, -개'가 결합하여 명사가 된 단어들이다. 그러므로 제시된 설명은 적절하다.
② '끄덕이다, 출렁대다, 반짝거리다'는 부사 '끄덕, 출렁, 반짝'에 접사 '-이(다), -대(다), -거리(다)'가 결합하여 동사가 된 단어이다. 그러므로 제시된 설명은 적절하다.
③ '부채질'은 명사 어근 '부채'에 접사 '-질'이 결합하여 명사 '부채질'이 파생되었고, '풋나물'은 명사 어근 '나물'에 접사 '풋-'이 결합하여 명사 '풋나물'이 파생되었다. 또한 '휘감다'는 동사 '감다'에 접사 '휘-'가 결합하여 동사 '휘감다'가 파생되었고, '빼앗기다'는 동사 '빼앗다'에 접사 '-기-'가 결합하여 동사 '빼앗기다'가 파생된 것이므로 제시된 단어들에 사용된 접사는 모두 어근과 품사가 동일한 단어를 만드는 역할을 했음을 알 수 있다.

⟨NEW대종의 예상 문제⟩ : 지문형 문법

04. 다음의 ㉠과 ㉡을 모두 충족하는 예로 적절한 것은?

> '붙잡다'의 어간 '붙잡-'은 어근 '붙-'과 어근 '잡-'으로 나뉘고, '잡히다'의 어간 '잡히-'는 어근 '잡-'과 접사 '-히-'로 나뉜다. 이렇듯 어떤 말을 둘로 나누었을 때 나누어진 두 요소 각각을 직접 구성 요소라 하는데, 어근과 어근으로 분석되는 말을 합성어라 하고 어근과 접사로 분석되는 말을 파생어라 한다. 그런데 ㉠어간이 3개 이상의 구성 요소로 이루어진 경우가 있다. 이때 ㉡직접 구성 요소가 먼저 어근과 어근으로 분석되면 합성어이고 어근과 접사로 분석되면 파생어이다. 예컨대 '밀어붙이다'는 직접 구성 요소가 먼저 어근과 어근으로 분석되므로 합성어이다.

① 밤새 거센 비바람이 내리쳤다.
② 책임을 남에게 떠넘기면 안 된다.
③ 거리에는 매일 많은 사람이 오간다.
④ 그들은 끊임없이 짓밟혀도 굴하지 않았다.

개념어 맵핑

```
         어근 + 어근  →  합성어 : 아침밥, 오간다
         구성 요소1+ 구성 요소 2
직접
구성 요소
         어근 + 접사  →  파생어 : 풋사과, 헛돌다, 먹이
         접사 + 어근
         구성 요소1+ 구성 요소 2
```

리딩 체계화

- 언제나 반대항을 떠올려라!

  (우리가 앞에서는 어근의 상대 개념을 접사라고 배웠다. 그렇다면 어간의 상대 개념은? 바로 어미이다. 즉, 어간 이야기가 나왔을 때 어간의 구성 요소를 찾을 때 어미가 제외되어야 한다는 것을 인지하면 문제는 훨씬 단순하게 풀릴 수 있다.)

04. ②

정답 풀이 '떠넘기면'의 어간은 '떠넘기-'이다. '떠넘기-'의 직접 구성 요소는 어근 '뜨-'와 어근 '넘기-'로 분석되므로 ⓒ을 충족한다. 이 중 '넘기-'는 다시 어근 '넘-'과 접사 '-기-'로 분석된다. 즉, '떠넘기-'는 3개의 구성 요소로 이루어져 있으므로 ㉠도 충족한다.

오답 풀이
① '내리쳤다'의 어간은 '내리치-'이다. '내리치-'는 어근 '내리-'와 어근 '치-'로 분석되어 ⓒ을 충족한다. 그러나 '내리치-'는 2개의 구성 요소로 이루어져 있으므로 ㉠을 충족하지 못한다.
③ '오간다'의 어간은 '오가-'이다. '오가-'는 어근 '오-'와 어근 '가-'로 분석되기 때문에 ⓒ은 충족하지만 2개의 구성 요소로 이루어져 있어서 ㉠을 충족하지 못한다.
④ '짓밟혀도'의 어간은 '짓밟히-'이다. '짓밟히-'는 직접 구성 요소가 접사 '짓-'과 어근 '밟히-'로 분석되기 때문에 ⓒ을 충족하지 못한다. '밟히-'는 다시 어근 '밟-'과 접사 '-히-'로 분석되기 때문에 '짓밟히-'는 3개의 구성 요소로 이루어져 있으므로 ㉠은 충족한다.

지문형 문법을 빠르고 정확하게 풀어내는 방법은, 독해력과 사고력을 가미하는 것이다. 세부 정보 문제가 나온 경우, 그리고 적절하지 않은 것을 찾는 발문이 나왔을 경우, 문제의 성격을 한번 바꾸어 보라. 반대항으로 적절한 것을 묻는 문제로 말이다. 그러면 훨씬 빠르고 정확하게 답이 나올 수 있을 것이다.

CH. 2

지문형 문법을 바라보는
새로운 시선 2

유대종의
새로운 시선

IN:SIGHT

유대종의
새로운 시선(IN:SIGHT)

CH 2. 지문형 문법을 바라보는 새로운 시선 2

〈NEW 시험 예시 문제〉 : (세부정보 : ㉠, ㉡, ㉢ 같은 유형) + 적절 X 발문

01. 다음 글의 ㉠의 사례가 포함되어 있지 <u>않은</u> 것은?   2025년도 9급 공무원 시험 출제 기조 전환 국어 예시문제

> 존경 표현에는 주어 명사구를 직접 존경하는 '직접존경'이 있고, 존경의 대상과 긴밀한 관련을 가지는 인물이나 사물 등을 높이는 ㉠'간접존경'도 있다. 전자의 예로 "할머니는 직접 용돈을 마련하신다."를 들 수 있고, 후자의 예로는 "할머니는 용돈이 없으시다."를 들 수 있다. 전자에서 용돈을 마련하는 행위를 하는 주어는 할머니이므로 '마련한다'가 아닌 '마련하신다'로 존경 표현을 한 것이다. 후자에서는 용돈이 주어이지만 할머니와 긴밀한 관련을 가진 사물이라서 '없다'가 아니라 '없으시다'로 존경 표현을 한 것이다.

① 고모는 자식이 다섯이나 있으시다.
② 할머니는 다리가 아프셔서 병원에 다니신다.
③ 언니는 아버지가 너무 건강을 염려하신다고 말했다.
④ 할아버지는 젊었을 때부터 수염이 많으셨다고 들었다.

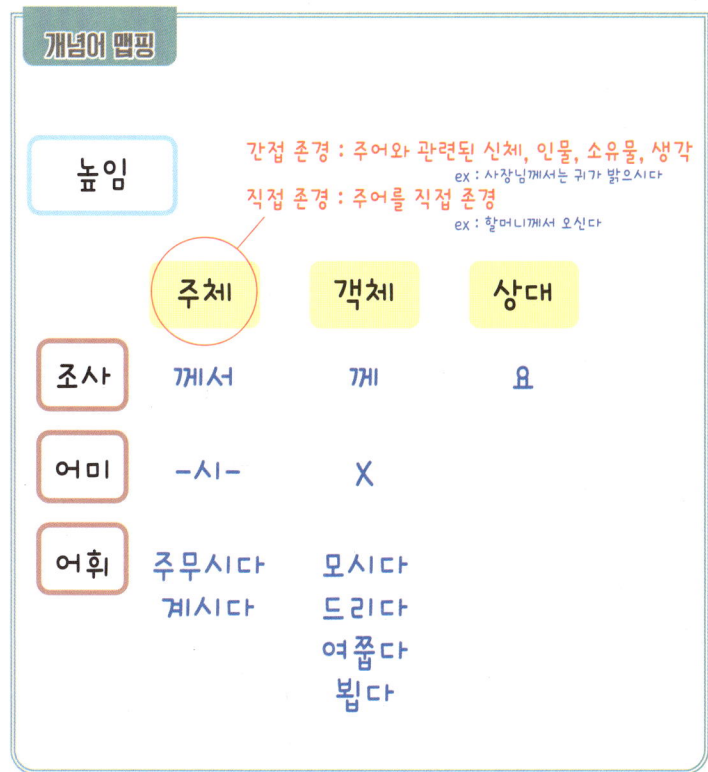

리딩 체계화

- 언제나 반대항을 떠올려라!

(생각해 봐. 어떤 지문이 있어. 강동원과 유대종을 설명하고 있어. 강동원은 존잘에 키가 185이고 유대종은 안타깝고 키가 158이야. 그러면 시험 문제가 '강동원의 특징으로 적절하지 않은 것?'으로 나왔다면 강동원의 특징으로 적절하지 않은 요소를 열심히 찾는 것이 아니라, 유대종의 특징으로 적절한 것을 빠르게 찾아야지. 물론 강동원과 유대종이 아닌 제 3의 인물(김수현, 차은우)이 나올 수도 있지만 그건 지문에서 언급하지 않은 선지가 나오니까 좋은 문제가 될 수 없어. 그러므로, 적절하지 않은 문제는 반대항의 적절한 문제로 풀어보도록 하자.)

★ 사고력에 따른 성동격서!
: 동쪽에서 먼저 소리를 낸 후, 서쪽을 공격한다는 뜻으로, 표면과 반대의 항을 먼저 치는 공격 전술을 이르는 말

01. ③

정답 풀이 ㉢ '간접존경'은 '존경의 대상과 긴밀한 관련을 가지는 인물이나 사물 등을 높이는' 것이다. 그러나 '언니는 아버지가 너무 건강을 염려하신다고 말했다.'에서 '건강을 염려하신다'의 주어는 '아버지'이므로 이는 '간접존경'이 아닌 '직접존경'을 나타낸 문장이다.

오답 풀이
① '(자식이) 다섯'이 '있으시다'의 주어이지만, 이는 '고모'와 긴밀한 관련을 가진 자식의 수를 의미하므로 '있다'가 아닌 '있으시다'로 간접존경 표현을 나타낸 것이다.
② 할머니의 신체 부위인 '다리'를 '아파서'가 아닌 '아프셔서'와 같이 높여 사용함으로써 간접존경 표현을 한 것이다.
④ 할아버지의 신체 부위인 '수염'을 '많다'가 아닌 '많으셨다'로 높임으로써 간접존경 표현을 한 것이다.

CH 2. 지문형 문법을 바라보는 새로운 시선 2

〈NEW대종의 예상 문제〉: 세부 정보 + 적절 X 발문

02. 다음 글의 밑줄 친 사례가 포함되어 있지 <u>않은</u> 것은?

> 화자는 자신의 의도를 직접적으로 표현하기도 하고, <u>간접적으로 표현하기도 한다</u>. 예를 들어, 누군가와 밥을 먹으러 가고 싶을 때, "밥 먹으러 가자."처럼 청유형 어미 '-자'를 사용하여 의도를 직접적으로 표현할 수도 있고, "벌써 점심시간이네."처럼 평서형 어미 '-네'를 사용하여 간접적으로 표현할 수도 있다.

① (귀가한 후 누나에게)
　동생: ㉠아, 목마르다.
　누나: 자, 물 여기 있어.
② (추운 교실에서 창가에 앉은 학생에게)
　선생님: ㉡창문이 열렸네.
　학생: 네, 닫을게요.
③ (목적지까지 가는 길을 모를 때)
　행인 A: ㉢구청에 가려면 어느 쪽으로 가야 하나요?
　행인 B: 오른쪽 모퉁이를 돌아가면 돼요.
④ (옷을 빌려 달라는 동생에게)
　언니: ㉣너 나한테 맡겨 둔 옷 있니?
　동생: 알았어. 내 옷 입을게.

02. ③

정답 풀이 "구청에 가려면 어느 쪽으로 가야 하나요?"라는 의문문은 목적지까지 가는 길을 모를 때라는 담화 상황으로 볼 때, 길을 묻는 의도가 직접적으로 드러난 발화이므로 간접적으로 표현한 사례로 적절하지 않다.

오답 풀이
① ㉠은 귀가한 후 누나에게 한 발화로, 물을 달라는 의도를 간접적으로 표현한 사례로 볼 수 있다.
② ㉡은 교실이 춥다는 상황에서 창가에 앉은 학생에게 한 발화로, 단순히 창문이 열렸다는 사실을 전달하려는 의도가 아니라 창문을 닫게 하려는 의도를 간접적으로 표현한 것으로 볼 수 있다.
④ ㉣은 의문형으로 표현되었지만 동생에게 대답을 요구하는 발화가 아닌, 옷을 빌려 달라는 동생에게 빌려주고 싶지 않다는 의도를 간접적으로 표현한 것으로 볼 수 있다.

03. 다음 글에 비추어 판단할 때, ㉠에 대한 설명으로 적절하지 <u>않은</u> 것은?

> 자연 발생적으로 만들어지는 새말들은 새로운 사물을 표현하기 위한 실제적인 필요에 의해 생겨나는 것과, 언어 표현이 진부해졌을 때 그것을 신선한 맛을 가진 새 표현으로 바꾸려는 대중적 욕구 때문에 생겨나는 것이 있다. 여기에는 고유어, 한자어, 외래어 등이 모두 재료로 쓰인다. 그런데, 요즈음 휴대 전화나 인터넷을 통해 ㉠<u>'반가워(요)', '컴퓨터'를 '방가', '컴'으로 바꿔 쓰는 현상이 급속히 확산되어 우리말을 오염시키고 있다.</u>

① 새로 생겨난 개념이나 사물을 표현하기 위해 지어낸 말이다.
② 기존 표현을 새롭게 바꾸려는 욕구에 따라 만들어진 말이다.
③ 글자 입력 속도를 고려하여 단어의 길이를 줄인 말이다.
④ 어법에 어긋나게 단어의 일부만 써서 만든 말이다.

---

03. ①

정답 풀이 새말은 '새로운 사물 표현 필요 or 진부해서'가 그 이유다. 그러니까 바꿔 쓴다는 말은 이미 있는 단어라는 것이고, 새로운 사물을 표현하기 위한 것은 아닌 것이다. 오히려 진부하기에 새 표현으로 바꾸려는 대중적 욕구와 상관이 있는 것이다.

오답 풀이
② '방가', '컴'은 기존의 표현을 새롭게 바꾸려는 욕구가 반영된 것으로 볼 수 있다.
③ '반가워(요)', '컴퓨터'로 글자를 입력하는 것보다, '방가', '컴'으로 입력하면 입력 속도가 줄어들기 때문에 이를 고려한 것으로 볼 수 있다.
④ '컴', '방가'는 단어의 일부만 써서 표현한, 어법에 맞지 않는 말이다.

CH 2. 지문형 문법을 바라보는 새로운 시선 2

04. 다음 글의 ⓑ와 같은 사람의 태도로 보기 <u>어려운</u> 것은?

> 빼어난 경관과 아름다운 풍경을 뽐내는 천하의 명소가 어디 한두 군데에 불과하랴? 또한 그 고정된 견해와 평가가 있겠는가? 발걸음을 옮길 때마다 보이는 풍경이 바뀌고, 지경(地境)의 변화에 따라 느낌이 달라진다. 또 같은 장소라 해도 경관이 차이가 나고, 같은 풍경이라도 때에 따라 변모한다. 그럼에도 불구하고 어느 것이 낫고 어느 것이 모자라다며 제각기 자랑하고, 어느 것이 뛰어나고 어느 것이 뒤진다며 제각기 평을 내린다면, 이것은 맛 좋은 술에게 소금처럼 짜지 않고 왜 맛이 좋으냐고 혼내는 격이요, 양고기와 돼지고기에게 채소와 과일처럼 담박한 맛을 내지 않고 왜 그렇게 기름진 맛을 내느냐고 화를 내는 격이다. ⓑ<u>이러한 생각에 사로잡힌 사람</u>은 천하의 이름난 산과 빼어난 승경(勝景)을 모조리 자기가 소유한 뒤에라야 비로소 흡족해 할 것이다. 그러면 작은 볼거리에 구속되어 큰 볼거리를 놓치는 사람이 되지나 않을까?

① 휴양림을 늘 내 곁에 두고 보고 싶으니 집에 작은 정원을 만들어야겠어.
② 주말에 지리산에 갔는데 갈 때마다 모습도 다르고 느낌도 달라서 참 좋았어.
③ 가족 여행 때 다녀온 강릉 경포대의 진면목을 알려면 「관동별곡」을 읽어야 해.
④ 내가 한라산을 가 보고 싶은 이유는 유명한 산악인들이 추천하는 명산이기 때문이야.

04. ②

정답 풀이 우선 성동격서로 푸는 팁부터. '이러한'이라는 지시어는 앞과 뒤를 포괄한다. 그렇다면 발문이 그러한 사람이 '아닌' 것을 찾으니까, '그럼에도 불구하고'라는 역접어 앞 부분에 정답이 있을 것이다. ⓑ의 이러한 생각에 사로잡힌 사람이란, 자신의 관점에 따라 어느 것이 낫고 어느 것이 모자라다며 제각기 자랑하고, 어느 것이 뛰어나고 어느 것이 뒤진다며 제각기 평을 내리는 사람에 해당한다. 더불어 이러한 사람은 천하의 이름난 산과 빼어난 승경(勝景)을 모조리 자기가 소유한 뒤에라야 비로소 흡족해하며 작은 볼거리에 구속되어 큰 볼거리를 놓치는 사람일 것이다. 주말에 지리산에 갔는데 갈 때마다 모습도 다르고 느낌도 달라서 참 좋았다는 것은 이러한 태도를 보이는 것이 아닌, '또 같은 장소라 해도 경관이 차이가 나고, 같은 풍경이라도 때에 따라 변모한다.'를 보여 주는 태도이므로 적절하지 않다.

오답 풀이
① 휴양림을 늘 자신 곁에 두고 보고 싶어, 집에 작은 정원을 만들려는 것을 봤을 때, '자기가 소유한 뒤에라야 비로소 흡족해 할' 사람이라는 것을 판단할 수 있다. 따라서 ⓑ와 같은 사람의 태도에 해당한다고 볼 수 있다.
③ 강릉 경포대의 진면목을 알려면 「관동별곡」을 읽어야 한다는 것을 봤을 때, 고정 관념에 사로잡힌 태도라 할 수 있겠다. 따라서 ⓑ와 같은 사람의 태도에 해당한다고 볼 수 있다.
④ ⓑ의 이러한 생각에 사로잡힌 사람이란, 자신의 관점에 따라 어느 것이 낫고 어느 것이 모자라다며 제각기 자랑하고, 어느 것이 뛰어나고 어느 것이 뒤진다며 제각기 평을 내리는 사람에 해당한다. '유명한 산악인들이 추천하는 명산이기 때문에' 한라산을 가 보고 싶다는 것은, 어느 것이 뛰어나고 어느 것이 뒤진다며 제각기 평을 내리는 태도를 따르는 것으로 볼 수 있으므로 적절하다.

독서의 핵심은 추론적 사고이다. 그런데 그 추론은 사실 제대로 된 텍스트 읽기에서 비롯된다. 그동안의 시험은 무지성으로 그냥 일대일 대응으로 풀렸을지 몰라도, 바뀐 기조로 볼 때, 제대로 된 글 읽기가 필요하다. 결국엔, 여러분은 텍스트로 테스트를 받는다. 그러므로, 텍스트를 제대로 읽는 법부터, 배워 보도록 하자.

CH. 3
독해를 바라보는 새로운 시선 1

유대종의 새로운 시선

IN:SIGHT

유대종의 새로운 시선(IN:SIGHT)

CH 3. 독해를 바라보는 새로운 시선 1

〈NEW 시험 예시 문제 + NEW대종의 예상 문제〉

[01~02] 다음 글을 읽고 물음에 답하시오. *2025년도 9급 공무원 시험 출제 기조 전환 국어 예시문제*

한국 신화에 보이는 신과 인간의 관계는 다른 나라의 신화와 견주어 볼 때 흥미롭다. 한국 신화에서 신은 인간과의 결합을 통해 결핍을 해소함으로써 완전한 존재가 되고, 인간은 신과의 결합을 통해 혼자 할 수 없었던 존재론적 상승을 이룬다.

한국 건국 신화에서 주인공인 신은 지상에 내려와 왕이 되고자 한다. 천상적 존재가 지상적 존재가 되기를 바라는 것인데, 인간들의 왕이 된 신은 인간 여성과의 결합을 통해 자식을 낳음으로써 결핍을 메운다. 무속신화에서는 인간이었던 주인공이 신과의 결합을 통해 신적 존재로 거듭나게 됨으로써 존재론적으로 상승하게 된다. 이처럼 한국 신화에서 신과 인간은 서로의 존재를 필요로 한다는 점에서 상호 의존적이고 호혜적이다.

다른 나라의 신화들은 신과 인간의 관계가 한국 신화와 달리 위계적이고 종속적이다. 히브리 신화에서 피조물인 인간은 자신을 창조한 유일신에 대해 원초적 부채감을 지니고 있으며, 신이 지상의 모든 일을 관장한다는 점에서 언제나 인간의 우위에 있다. 이러한 양상은 북유럽이나 바빌로니아 등에 퍼져 있는 신체 화생 신화에도 유사하게 나타난다. 신체 화생 신화는 신이 죽음을 맞게 된 후 그 신체가 해체되면서 인간 세계가 만들어지게 된다는 것인데, 신의 희생 덕분에 인간 세계가 만들어질 수 있었다는 점에서 인간은 신에게 철저히 종속되어 있다.

01. 윗글을 이해한 내용으로 적절하지 않은 것은?

① 히브리 신화에서 신과 인간의 관계는 위계적이다.
② 한국 무속신화에서 신은 인간을 위해 지상에 내려와 왕이 된다.
③ 한국 건국 신화에서 신은 인간과의 결합을 통해 완전한 존재가 된다.
④ 한국 신화에 보이는 신과 인간의 관계는 신체 화생 신화에 보이는 신과 인간의 관계와 다르다.

02. 윗글을 통해 추론한 내용으로 가장 적절한 것은?

① 한국 건국 신화는 한국 무속신화와는 달리 신과 인간의 호혜성이 있다.
② 신체 화생 신화는 신의 희생을 기반으로 한다는 점에서 신이 인간에 대해 종속적이다.
③ 한국 신화는 천상적 존재를 전제로 한다는 점에도 불구하고 위계적이지는 않다.
④ 신체 화생 신화는 신의 신체가 해체된 후 신의 죽음을 통해 인간 세계가 만들어진다는 점에서 인간이 신에게 독립적이기 어렵다.

도식화

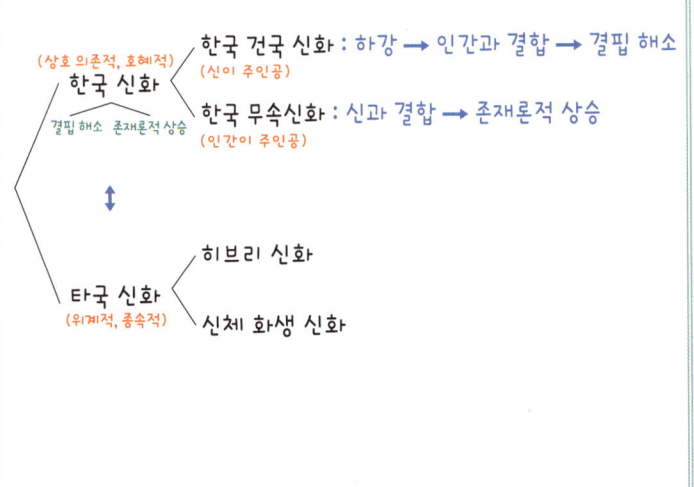

리딩 체계화

- 대상만 대비하지 말고 속성도 대비한다.
  (단순히 다르다로 끝나는 것이 아니라, 무엇이 어떻게 다른 것인지 확인할 것)

- 대비 속 대비는 정리한다.
  (한국 신화가, 한국 건국 신화와 한국 무속 신화로 나뉘고, 한국 신화와 타국 신화가 대비되는 중첩적 관계를 잘 정리하길 바란다.)

01. ②

정답 풀이 ▶ 신이 인간을 위해 지상에 내려와 왕이 되는 경우는 한국 신화의 흥미로운 양상 중, 무속신화가 아닌 '건국 신화'에 해당하는 경우이다.

오답 풀이
① 3문단에서 한국 신화와 달리 위계적이고 종속적인 '신과 인간의 관계'를 보여 주는 것으로 히브리 신화가 제시되고 있다. 이를 고려했을 때, 적절하다.
③ '한국 신화에서 신은 인간과의 결합을 통해 결핍을 해소함으로써 완전한 존재가 되고'를 보여 주는 것은 한국 건국 신화 내용이다. 1, 2문단의 내용을 고려했을 때, 적절하다고 판단할 수 있다.
④ 2문단의 '한국 신화에서 신과 인간은 서로의 존재를 필요로 한다는 점에서 상호 의존적이고 호혜적이다'와 3문단에 제시된 '신체 화생 신화'의 특징을 고려했을 때, 한국 신화에 보이는 신과 인간의 관계는 상호 의존적이고 호혜적이지만, 신체 화생 신화에 보이는 신과 인간의 관계는 종속적이라는 것을 확인할 수 있다.

02. ③

정답 풀이 ▶ 3문단에서 타국 신화는 한국 신화와 달리 위계성이 있다고 하였으므로, 한국 신화는 위계성이 없다.

오답 풀이
① 호혜성이 있는 것은 한국 신화의 공통적 특징이다.
② 인간이 신에게 종속적이다.
④ 신이 죽음을 맞게 된 후, 신체가 해체되는 것이다. 신의 죽음이 먼저이다.

CH 3. 독해를 바라보는 새로운 시선 1

〈NEW대종의 예상 문제〉

[03] 다음 글을 읽고 물음에 답하시오.

　독일 역사학계에서 일상사(日常史) 연구는 사회사(社會史)에 대한 비판으로 등장하였다. 위르겐 코카를 중심으로 한 기존의 사회사 연구는 근대화 이론과 비판 이론을 바탕으로 민족 국가, 산업화, 계급 사회 등 거대 담론을 도입하여 근대 사회의 구조와 과정을 조명하는 데 초점을 맞추었다. 반면에 일상사가들은 근대화가 초래한 희생과 부담에 주목하여 익명의 구조와 과정보다는 살아 숨 쉬는 사람들의 주체성과 경험을 강조하였다.

　오늘날 일상사적 역사 이해 및 서술과 관련하여 '종속'의 관점과 '자율'의 관점이라는 두 관점이 있다. 카린 하우젠은 사례 연구를 통해 근대 이래 대중들의 행위가 장기적으로는 점점 더 구조에 종속되고 있다는 사실을 입증하였다. 철저한 조직화와 빈틈없는 통제, 게르만 종족 공동체 이상과 반유대주의의 결합, 그리고 이미지를 통한 대중 동원은 '사생활의 정치화'를 가져왔다는 것이다. 한편, 크리스토퍼 브라우닝은 세계 대전에서 군인들이 '몰살 정책'을 언제나 충실히 따른 것도 아니었으며, 자발적 밀고, 폭력에 대한 방관, 과잉 학살 등이 존재하였다고 한다. 폭압 체계에서 대중들의 일탈적 행위, 정치에 대한 무관심, 사적 영역에의 몰입, 노골적 불복종 등과 같은 다양한 형태의 저항 행위들 또한 발견되었다. 데틀레프 포이케르트는 이러한 현상들을 '정치의 사생활화'로 명명하였다.

03. 윗글을 이해한 내용으로 가장 적절한 것은?

① 카린 하우젠은 근대 사회의 구조를 조명하고자 노력하였다.
② 과잉 학살과 사적 영역에의 몰입은 각각 종속의 관점과 자율의 관점으로 설명된다.
③ 크리스토퍼 브라우닝은 합리적인 세부 지침에 따르지 않는 나치군의 행동을 '사생활의 정치화'라고 볼 것이다.
④ '몰살 정책'의 지침을 충실히 따르지 않은 것은 탈종속적인 자율의 측면에서 볼 수 있다.

도식화

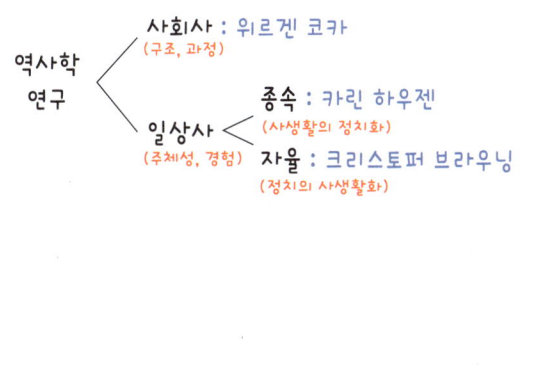

리딩 체계화

- 대상만 대비하지 말고 속성까지 대비
  (일상사와 사회사가 무엇이 어떻게 다른지까지 제대로 읽어보자.)

- 대비 속 대비는 정리하자.
  (일상사와 사회사로만 나눠진 것이 아니라, 일상사가 다시 종속과 자율로 나뉜다. 그럼 수형도 스타일로 정리하는 것이 나을 것이다. 정리는 이해를 돕는다. 잊지 말자.)

03. ④

정답 풀이 '사생활의 정치화'는 카린 하우젠의 '종속'의 관점에서 제시되는 것이며 이는 대중의 일상이 구조에 의해 철저히 종속되는 모습을 가리키는 것이다. 크리스토퍼 브라우닝은 일상사적 역사 이해 및 서술과 관련하여 '자율'의 관점에서 설명하였는데, '몰살 정책을 언제나 충실히 따르지 않는 모습', '과잉 학살'을 제시하고 데틀레프 포이케르트는 이를 '정치의 사생활화'라 명명하였다. 이는 종속의 관점이 아닌 자율의 관점, 즉 탈종속적인 자율의 측면에서 바라본 것이므로 적절하다고 판단할 수 있다.

오답 풀이
① '카린 하우젠은 사례 연구를 통해 근대 이래 대중들의 행위가 장기적으로는 점점 더 구조에 종속되고 있다는 사실을 입증'하였다는 내용만을 주목하여 단순히 크로스 체크했다면, 충분히 정답으로 착각할 수 있는 선지이다. 근대 사회의 구조와 과정을 조명하고자 노력한 것은, 1문단의 내용을 고려했을 때, '위르겐 코카를 중심으로 한 기존의 사회사 연구'가 한 것이다. 카린 하우젠은 근대화가 초래한 희생과 부담에 주목하여 익명의 구조와 과정보다는 살아 숨 쉬는 사람들의 주체성과 경험을 강조하였고, 이와 관련하여 '종속'의 관점을 보이고 있다.
② 2문단의 '한편' 이후에 제시된 내용을 주목할 필요가 있다. '자발적 밀고, 폭력에 대한 방관, 과잉 학살 등이 존재하였다고 한다'와 '폭압 체계에서 대중들의 일탈적 행위, 정치에 대한 무관심, 사적 영역에의 몰입, 노골적 불복종 등과 같은 다양한 형태의 저항 행위들 또한 발견되었다.'의 내용 모두, 자율의 관점으로 설명되고 있다.
③ '사생활의 정치화'는 카린 하우젠의 '종속'의 관점에서 제시되는 것이며 이는 대중의 일상이 구조에 의해 철저히 종속되는 모습을 가리키는 것이다. 크리스토퍼 브라우닝은 '몰살 정책'을 언제나 충실히 따르지 않는, 그리고 합리적인 세부 지침에 따르지 않고 과잉 학살 등의 모습을 보인 나치 군의 행동을 '정치의 사생활화'로 볼 것이다.

CH 3. 독해를 바라보는 새로운 시선 1

〈NEW대종의 예상 문제〉

[04] 다음 글을 읽고 물음에 답하시오.

　　조선 후기 역사학에서 정통론이 처음으로 등장한 것은 홍여하의 『동국통감제강』에서였다. 이는 17세기 명·청 교체로 인하여 중국 대륙에서 중화가 공석이 되었다는 의식과 관련이 있다. 이러한 의식은 조선이 이제 소중화로서 중화를 대신한다는 각성에서 비롯한 것이었다. 이러한 소중화 의식은 효종 대의 북벌론을 지지하면서 점차 조선 사회에서 보편화되었다. 노론 계통 사상가들도 중화와 오랑캐의 구분은 지리 경계나 종족에 있지 않다고 보면서, '오늘날에는 우리가 중화'라고 주장했던 것이다.

　　이처럼 주자에 의해 확립되고 조선 왕조에서도 그동안 굳게 신봉되었던 화이관, 즉 중국에서만 그리고 중국족에 의해서만 중화가 성립될 수 있다는 전통적인 화이관은 크게 변질되었다. 나아가 중국 밖에서도, 비중국족에 의해서도 화가 성립될 수 있다는 인식은 문화 중심 화이론의 성립으로 이어졌다. 이익은 바로 그와 같은 역사 인식을 계승하면서 더욱 논리적으로 심화시켰다. 문화 중심 화이론이 예악을 기준으로 하되 조선만을 소중화로 보았던 데 반해, 이익은 예악이 요·금·원 등 만리장성 바깥에서도 성립되어 있었던 것으로 이해했다. 다시 말해 이익은 중국족의 습속까지 예악에 포함시켰던 노론 계열의 소화 의식과는 달리, 예악을 유교적인 것으로 국한시킴으로써 소중화 의식을 내용 면에서 본질적으로 수정했던 것이다. 이로 인해, 이익은 북벌론자들이나 노론 계열의 그것과 달리, 독립된 역사적 세계로서의 조선 인식에 기초하여 기존의 인식에서 조선의 독자성에 대한 인식에까지 나아갈 수 있었다. 이것이 바로 이익의 삼한정통론이다.

04. 윗글을 이해한 내용으로 가장 적절한 것은?

① 노론 계통 사상가는 중국 지역이 아니라면 '화'가 성립될 수 없다고 보았다.
② '문화 중심 화이론'을 주장하는 이들은 화이의 구분이 지리 경계나 종족에 있다고 보았다.
③ 노론 계열의 소중화 의식에서 예악은 유교적인 것으로 국한되었다.
④ 이익은 중국족의 습속을 예악에서 배제함으로써 조선의 독자성에 대한 인식으로 나아갔다.

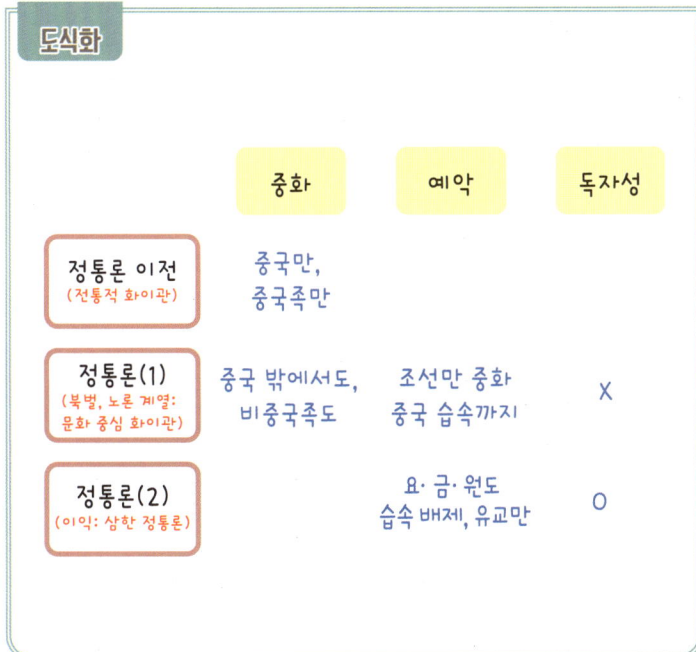

리딩 체계화

- 대상만 대비하지 말고 속성도 대비하라.
  (정통론 이전과 문화 중심 화이론, 삼한 정통론의 차이를 제대로 이해하자.)

- 대비 속 경중을 따지면서 읽도록 하자.
  (정통론 이전보다는 정통론 이후가 중요함을 인지하면서 글을 읽도록 하자.)

- 보조사에 유의하라.
  (만, 도 정도의 보조사는 출제자의 뜻을 보조하는 것이다. '만'이라는 것은 ONLY라는 의미, '도'라는 것은 기본적으로 어떤 사항을 내포하는 것이다. 가령 '요, 금, 원도'라는 것은 기본적으로 조선은 포함이라는 의미이고, '습속까지'라는 것은 유교를 기본으로 한다는 의미이다.)

04. ④

정답 풀이 '이익은 중국족의 습속까지 예악에 포함시켰던 노론 계열의 소화 의식과는 달리'를 보았을 때, 중국족의 습속까지 예악에 포함시킨 이는 노론 계열, 그리고 이를 예악에서 배제한 이는 이익임을 알 수 있다. 이익은 이렇게 예악을 유교적인 것으로 국한시킴으로써 소중화 의식을 내용 면에서 본질적으로 수정했기에, 독립된 역사적 세계로서의 조선 인식에 기초하여 기존의 인식에서 조선의 독자성에 대한 인식에까지 나아갈 수 있었다는 것을 알 수 있다.

오답 풀이

① 노론 계통 사상가들도 중화와 오랑캐의 구분은 지리 경계나 종족에 있지 않다고 보면서, '오늘날에는 우리가 중화'라고 주장했다는 것을 확인할 수 있다. 이렇게 중국 밖에서도, 화가 성립될 수 있다는 인식을 엿볼 수 있으므로 중국 지역이 아니라면 '화가 성립될 수 없다고 보았다는 것은 적절하지 않다.

② 중국 밖에서도, 비중국족에 의해서도 화가 성립될 수 있다는 인식이 문화 중심 화이론의 성립으로 이어진 것이기에, '문화 중심 화이론'을 주장하는 이들은 화이의 구분이 지리 경계나 종족에 있다고 보지 않는다.

③ '다시 말해 이익은 중국족의 습속까지 예악에 포함시켰던 노론 계열의 소화 의식과는 달리, 예악을 유교적인 것으로 국한시킴으로써 소중화 의식을 내용 면에서 본질적으로 수정했던 것이다.'를 고려했을 때 적절하지 않다.

문학 문제가 나올 확률은 여전히 존재한다. 단, 문학 작품 자체를 실제로 시험장에서 던지지 않을 확률이 높다.

그렇기에 작품을 하나하나 기존처럼 학습하는 것은 대단히 비효율적인 일이다.

그렇다면 우리는 어떻게 해야 하는가?

다행히, 문학 평론 파트의 독해 방식은 비문학의 독해 방식과 다르지 않다.

앞 장에서 배운 방식들을 적용해 보자.

나아가, 문학 평론에서 자주 사용하는 어휘 정도(자아, 세계 등)를 함께 학습하면 좋을 것이다.

CH. 4

문학 평론을 바라보는
새로운 시선

유대종의
새로운 시선

IN:SIGHT

유대종의 새로운 시선(IN:SIGHT)

CH4. 문학 평론을 바라보는 새로운 시선

〈NEW 시험 예시 문제〉

01. 다음 글의 ㉠~㉢에 들어갈 말을 적절하게 나열한 것은? 2025년도 9급 공무원 시험 출제 기조 전환 국어 예시문제

　　소설과 현실의 관계를 온당하게 살피기 위해서는 세계의 현실성, 문제의 현실성, 해결의 현실성을 구별해야 한다. 우리가 살고 있는 이 입체적인 시공간에서 특히 의미 있는 한 부분을 도려내어 서사의 무대로 삼을 경우 세계의 현실성이 확보된다. 그 세계 안의 인간이 자신을 둘러싼 세계와 고투하면서 당대의 공론장에서 기꺼이 논의해볼 만한 의제를 산출해낼 때 문제의 현실성이 확보된다. 한 사회가 완강하게 구조화하고 있는 '가능한 것'과 '불가능한 것'의 좌표를 흔들면서 특정한 선택지를 제출할 때 해결의 현실성이 확보된다.

　　최인훈의 「광장」은 밀실과 광장 사이에서 고뇌하는 주인공의 모습을 통해 '남(南)이냐 북(北)이냐'라는 민감한 주제를 격화된 이념 대립의 공론장에 던짐으로써 ㉠ 을 확보하였다. 작품의 시공간으로 당시 남한과 북한을 소설적 세계로 선택함으로써 동서 냉전 시대의 보편성과 한반도 분단 체제의 특수성을 동시에 포괄할 수 있는 ㉡ 도 확보하였다. 「광장」에서 주인공이 남과 북 모두를 거부하고 자살을 선택하는 결말은 남북으로 상징되는 당대의 이원화된 이데올로기를 근저에서 흔들었다. 이로써 ㉢ 을 확보할 수 있었다.

	㉠	㉡	㉢
①	문제의 현실성	세계의 현실성	해결의 현실성
②	문제의 현실성	해결의 현실성	세계의 현실성
③	세계의 현실성	문제의 현실성	해결의 현실성
④	세계의 현실성	해결의 현실성	문제의 현실성

〈NEW대종의 예상 문제〉

02. 다음 글의 밑줄 친 부분을 바탕으로 윗글을 이해하고자 할 때, 필요한 활동으로 가장 적절한 것은?

　작품에 반영된 사회적·문화적 상황을 문학 작품 창작 당시와 연관시켜 해석할 때 드러나는 의미를 <u>상황의 구체적 의미</u>라 한다. 이것은 그 작품을 낳게 한 계기이기도 하며, 또 그 작품을 창작할 당시의 핵심적인 고민과 과제이기도 하다. 한편, 구체적 상황의 의미로부터 특정한 시대와 장소를 넘어 공유할 수 있는 의미를 발견할 수 있는데, 이를 사회적·문화적 상황의 보편적 의미라 한다. 몇백 년 전의 작품의 가치를 오늘의 우리가 발견할 수 있는 것도 이러한 보편적 의미가 바탕이 되기 때문이다. 최인훈의 「광장」에 등장하는 주인공 이명준이 살아갔던 삶은 시대와 무관하게 우리에게 잔잔한 감동을 줄 수 있다.

① 이명준이 은혜와 함께 있던 동굴이 우리 신화에서는 어떤 의미를 갖고 있는지 알아본다.
② 이명준의 삶과 사랑이 시대를 초월하여 오늘날의 독자들에게 어떤 교훈을 주고 있는지 살펴본다.
③ 이명준의 성격과 행동을 분석하고 종합한 후, 그것을 중심으로 이명준의 일대기를 작성해 본다.
④ 이명준이 겪은 사건을 작품이 창작된 시대의 상황 및 그 시기에 작가가 지녔던 가치관과 연결하여 그 의미를 알아본다.

〈NEW대종의 예상 문제〉

03. 다음 글의 ㉠~㉢에 들어갈 말을 적절하게 나열한 것은?

　'믿을 수 없는 서술'이란 서술자의 스토리 제시와 논평에 대해 독자가 의혹을 갖게 되는 서술을 말한다. 이러한 비신빙성을 형성해 가는 여러 요인들은 다음과 같이 유형화될 수 있다. 첫째로 서술자의 지식 수준이 사회적·도덕적 상식에 미치지 못하여 대상에 대한 통찰력이 미숙한 경우가 있다. 둘째로 서술자가 다른 인물과 맺은 개인적 연루 관계가 서술자의 이성적인 판단을 흐리게 하여 편견에 사로잡힌 서술을 낳는 경우가 있다. 셋째로 서술자가 문제적인 가치규범에 윤색되어 있어 작품이 전달하려는 주제의식과 대립을 형성하는 경우가 있다. 넷째로 당대 현실의 리얼리티에 대해 독특한 관점을 제시하는 특이한 개성을 소유한 서술자가 등장하는 경우가 있다.

　일제 강점기의 한국소설은 다양한 방식을 통해 '믿을 수 없는 서술'을 시도하며 1인칭 시점의 미학을 확장시켰다. 김동인의 「발가락이 닮았다」는 생식 능력에 결함이 있던 총각 M이 결혼 후 아내의 임신에 고민하는 모습을 그의 친구이자 의사인 '나'의 시선에서 그려 내는 작품으로, 서술자의 친분에서 비롯된 선입견이 작동하는 이 작품은 (㉠)에 의한 비신빙성의 형성을 보여 준다. 염상섭의 「제야」는 현대적 윤리에 따라 살고자 하는 신여성이 구시대의 성관념에 저항하는 모습을 전달하는 작품으로, 봉건적 가치관에 사로잡힌 독자에게 새로운 시야를 제공하는 이 작품은 (㉡)에 의한 비신빙성의 형성을 보여 준다. 채만식의 「치숙」은 식민지 상황을 긍정하고 기꺼이 일본에 동화하려는 서술자의 사상을 의기양양하게 드러내는 작품으로, 독자의 비판의식을 맹렬하게 이끌어 내는 이 작품은 (㉢)에 의한 비신빙성의 형성을 보여 준다.

	㉠	㉡	㉢
①	지식 수준	문제적인 가치규범	특이한 개성
②	지식 수준	특이한 개성	문제적인 가치규범
③	개인적 연루 관계	문제적인 가치규범	특이한 개성
④	개인적 연루 관계	특이한 개성	문제적인 가치규범

〈NEW 시험 예시 문제〉

04. 다음 글을 이해한 내용으로 가장 적절한 것은?

<small>2025년도 9급 공무원 시험 출제 기조 전환 국어 예시문제</small>

이육사의 시에는 시인의 길과 투사의 길을 동시에 걸었던 작가의 면모가 고스란히 담겨 있다. 가령, 「절정」은 크게 두 부분으로 나누어지는데, 투사가 처한 냉엄한 현실적 조건이 3개의 연에 걸쳐 먼저 제시된 후, 시인이 품고 있는 인간과 역사에 대한 희망이 마지막 연에 제시된다.

우선, 투사 이육사가 처한 상황은 대단히 위태로워 보인다. 그는 "매운 계절의 채찍에 갈겨 / 마침내 북방으로 휩쓸려" 왔고, "서릿발 칼날진 그 위에 서" 바라본 세상은 "하늘도 그만 지쳐 끝난 고원"이어서 가냘픈 희망을 품는 것조차 불가능해 보인다. 이러한 상황은 "한발 제겨디딜 곳조차 없다"는 데에 이르러 극한에 도달하게 된다. 여기서 그는 더 이상 피할 수 없는 존재의 위기를 깨닫게 되는데, 이때 시인 이육사가 나서면서 시는 반전의 계기를 마련한다.

마지막 4연에서 시인은 3연까지 치달아 온 극한의 위기를 담담히 대면한 채, "이러매 눈감아 생각해" 보면서 현실을 새롭게 규정한다. 여기서 눈을 감는 행위는 외면이나 도피가 아니라 피할 수 없는 현실적 조건을 새롭게 반성함으로써 현실의 진정한 면모와 마주하려는 적극적인 행위로 읽힌다. 이는 다음 행, "겨울은 강철로 된 무지갠가보다"라는 시구로 이어지면서 현실에 대한 새로운 성찰로 마무리된다. 이 마지막 구절은 인간과 역사에 대한 희망을 놓지 않으려는 시인의 안간힘으로 보인다.

① 「절정」에는 투사가 처한 극한의 상황이 뚜렷한 계절의 변화로 드러난다.
② 「절정」에서 시인은 투사가 처한 현실적 조건을 외면하지 않고 새롭게 인식한다.
③ 「절정」은 시의 구성이 두 부분으로 나누어지면서 투사와 시인이 반목과 화해를 거듭한다.
④ 「절정」에는 냉엄한 현실에 절망하는 시인의 면모와 인간과 역사에 대한 희망을 놓지 않으려는 투사의 면모가 동시에 담겨 있다.

CH4. 문학 평론을 바라보는 새로운 시선

〈NEW대종의 예상 문제〉

05. 다음 글을 이해한 내용으로 적절하지 않은 것은?

윤동주의 시에는 두 윤동주의 자아가 존재한다. 그의 시에서 첫 번째 자아는 소극적 자아이다. 즉, 적극적으로 일본의 식민 지배에 제대로 저항하지 못하는 부끄러운 현실적 자아가 존재하는 것이다. 한편 두 번째 자아는 적극적 자아인데 이러한 자아는 세상과의 대결 의지를 갖는 저항적 자아이다. 윤동주의 시에서 이 두 자아는 서로 간의 화해가 없는 상태로 끝나기도 하고, 서로 간의 화해를 도모하기도 한다. 육체적이고 현실적인 자아는 버려야 할 것으로 비추어지는 것이며, 정신적인 자아는 오롯이 남아야 한다는 것이 전자라면, 연민을 바탕으로 주관 사이의 진정한 화해를 도모하는 것이 후자이다.

윤동주의 「쉽게 씌어진 시」는 자아 간 분열을 다루고 있다. 이 시의 화자는 살기 어려운 현실로 가상되는, 밤비가 속살거려야 자신이 거주한 곳이 남의 나라임을 확인하고 있다. 밤비는 부정적 시공간이자 성찰의 시공간적 배경이 된다. 이렇게 이 시의 화자는 1연부터 6연까지 남들은 살기 어렵다는데 홀로 침전하는 듯한 상실감을 느끼며 절망한다. 그러나, 8연에서는 1연의 내용이 반복, 변주되는데 그 순서가 다르며, 그 의미도 다르다. '육첩방은 남의 나라'라는 시대 인식이 먼저인 것은 그의 정신적이고 적극적인 자아가 발현된 것이고 이는 시의 마지막까지 유지된다. 가령, 그는 등불을 밝혀 조금이라도 어둠을 밖으로 몰고 시대처럼 올 아침을 기다린다. 그런데 단순히 그것에 그치지 않고 마지막 10연에서 적극적 자아가 소극적 자아에게 눈물과 위안으로 악수를 하는데, 이 구절은 윤동주의 마지막 선택지와도 같은 결말이다.

① 「쉽게 씌어진 시」에서는 작품의 시공간적 배경이 설정되어 있으며 상징성을 지닌다.
② 「쉽게 씌어진 시」의 초반부에는 부끄러운 현실 자아가 자신의 정서를 드러내고 있다.
③ 「쉽게 씌어진 시」의 후반부에는 연민을 바탕으로 주관 사이의 진정한 화해를 도모하고 있다.
④ 「쉽게 씌어진 시」의 마지막 연에는 화자의 저항 정신이 희석되어 정신적 자아가 더욱 오롯해진다.

〈NEW대종의 예상 문제〉

06. 다음 글을 이해한 내용으로 가장 적절한 것은?

　김소월은 1920년대 초반 서구시에 경도된 당대 시인들과는 달리, 전통적인 문화와 삶의 체험에 바탕을 두어 독자적인 시 세계를 이루었다. 이 가운데 그의 「접동새」는 당시 평안도 지방에 전해 내려오던 '접동새 설화'를 수용하여 재창조하는 작품이다. 접동새 설화는 평안도 진두강가에 살았던 오누이의 슬픈 이야기로, 출가를 앞두고 계모에게 억울하게 죽은 큰누나의 원혼이 접동새가 되어 남은 아홉 동생들을 못 잊고 밤마다 구슬피 운다는 내용이다. 「접동새」는 이러한 설화를 이끌어 와 당시에 나라를 잃고 슬픔에 빠진 우리 민족의 심정을 절실한 가락으로 노래하고 있다.

　특히 이 작품의 성취는 설화의 단순한 차용이나 반복에 그치지 않는 현대시적 변용과 재창조에서 찾을 수 있다. 접동새 울음을 묘사하는 1연에서 '아홉 오래비'를 변형시킨 "아우래비"는 접동새 울음의 생생한 청각적 이미지를 의미와의 연관 속에서 제시하는 독창적인 시어라 할 수 있다. 또한 2~3연은 설화 구연자의 담담한 어조를 빌려 설화의 내용을 압축적으로 제시하다가, 4연에 이르면 '오랩동생'과 겹쳐진 목소리로 발화하며 '누나'의 비극적인 죽음에 대한 서러운 감정을 폭발시키고 있다. 이러한 변용과 재창조는 우리 민족이 공유하던 구비 문학을 기반으로 하여 민족적 동일성의 감각을 일깨우는 동시에, 민중들의 집단적인 감수성에 기대어 시적 주체의 감정을 보편적인 정서로 일반화시키는 효과가 있다.

① 「접동새」는 출가를 앞둔 큰누나가 계모에게 억울하게 죽임을 당한 시인의 체험에 바탕을 두고 있다.
② 「접동새」는 동생의 비극적인 죽음에 대한 누이의 서러운 감정을 접동새의 울음소리로 표현한다.
③ 「접동새」는 우리 민족의 구비 문학과 관련된 표현을 접동새 울음으로 재창초한 독창적인 시어를 활용한다.
④ 「접동새」는 나라를 잃고 슬픔에 빠졌던 평안도 오누이의 심정을 노래하여 시적 주체의 감정을 민중으로 확대한다.

유대종의 새로운 시선(IN:SIGHT)

CH4. 문학 평론을 바라보는 새로운 시선

⟨NEW 시험 예시 문제⟩

07. 다음 글에서 추론한 내용으로 가장 적절한 것은?

2025년도 9급 공무원 시험 출제 기조 전환 국어 예시문제

'크로노토프'는 그리스어로 시간과 공간을 뜻하는 두 단어를 결합한 것으로, 시공간을 통합적으로 이해하기 위한 개념이다. 크로노토프의 관점에서 보면 고소설과 근대소설의 차이를 명확하게 파악할 수 있다.

고소설에는 돌아가야 할 곳으로서의 원점이 존재한다. 그것은 영웅소설에서라면 중세의 인륜이 원형대로 보존된 세계이고, 가정소설에서라면 가장을 중심으로 가족 구성원들이 평화롭게 공존하는 가정이다. 고소설에서 주인공은 적대자에 의해 원점에서 분리되어 고난을 겪는다. 그들의 목표는 상실한 원점을 회복하는 것, 즉 그곳에서 향유했던 이상적 상태로 돌아가는 것이다. 주인공과 적대자 사이의 갈등이 전개되는 시간을 서사적 현재라 한다면, 주인공이 도달해야 할 종결점은 새로운 미래가 아니라 다시 도래할 과거로서의 미래이다. 이러한 시공간의 배열을 '회귀의 크로노토프'라고 한다.

근대소설 「무정」은 회귀의 크로노토프를 부정한다. 이것은 주인공인 이형식과 박영채의 시간 경험을 통해 확인된다. 형식은 고아지만 이상적인 고향의 기억을 갖고 있다. 그것은 박 진사의 집에서 영채와 함께하던 때의 기억이다. 이는 영채도 마찬가지기에, 그들에게 박 진사의 집으로 표상되는 유년의 과거는 이상적 원점의 구실을 한다. 박 진사의 죽음은 그들에게 고향의 상실을 상징한다. 두 사람의 결합이 이상적 상태의 고향을 회복할 수 있는 유일한 방법이겠지만, 그들은 끝내 결합하지 못한다. 형식은 새 시대의 새 인물이 되어야 한다고 생각하며 과거로의 복귀를 거부한다.

① 「무정」과 고소설은 회귀의 크로노토프를 부정한다는 점에서 공통적이다.
② 영웅소설의 주인공과 「무정」의 이형식은 그들의 이상적 원점을 상실했다는 공통점을 가지고 있다.
③ 「무정」에서 이형식이 박영채와 결합했다면 새로운 미래로서의 종결점에 도달할 수 있었을 것이다.
④ 가정소설은 가족 구성원들이 평화롭게 공존하는 결말을 통해 상실했던 원점으로의 복귀를 거부한다.

⟨NEW대종의 예상 문제⟩

08. 다음 글에서 추론한 내용으로 가장 적절한 것은?

　일제 식민지 시대의 문학은 작가의 태도에 따라 두 가지 양태로 이야기할 수 있다. 즉, 그 시기 동안 국가에 변절한 문학인의 작품 혹은 변절하지 않은 문학인의 작품이 바로 그것이다. 그런데 이것은 그 작품의 주인공들을 통해 다소간 설명이 가능하다. 우선 그들의 문학 장치에 나오는 주인공들은 세계와의 불화 속에서 문제를 해결하고자 하는 존재이므로 이들에 대한 탐구는 곧 작가에 대한 이해와 직결된다.

　이광수의 「무정」에 등장하는 이형식과 염상섭의 「만세전」에 등장하는 이인화는 모두, 식민지 시대의 자아를 인식하며 그들에게 불친절한 세계 역시 인식한다. 이들의 근대적 자아는 자아의 절대적 권위를 내세우고 그것을 통해 삶의 최고의 원리를 실현하는 낭만적 자아에 가깝다. 그러나 이형식은 결국 식민지 조선이 근대화로 나아가기 위하여 과거의 민족적 유산을 모두 부정하는데, 전통적 민족으로 상징되는 아버지가 없는 고아였다는 점, 그를 과거에 돌본 박 진사의 딸 영채보다는 김 장로의 딸 선형을 선택한 점을 미루어 볼 때 일본을 모사하고 본받으려는 노력만 있었을 뿐 조선의 식민지 현실을 폭로하고 일본의 근대화가 결국 조국을 착취하려는 의도였음을 망각했다. 그러므로 이광수의 '민족을 위한 친일'에서 실제 '민족'은 없었던 것이며, 압도적 권위의 자아는 있을지언정 과거의 자아는 없다.

　이와는 달리 이인화는 자아의 해방뿐만 아니라 일제의 근대화가 실제로는 식민지 조선을 착취하려는 목적이 있다는 점을 정확하게 간파하고 있다. 타인의 연대를 통해서 자신을 확인하려 했던 이형식과는 달리, 이인화는 줄곧 현실과의 냉정한 거리감을 확보하면서 그 현실을 폭로한다. 즉, 자아의 절대적 해방을 추구하면서도 현실폭로의 비애라는 현실적 자각을 통해 리얼리즘으로 나아가는 출구를 확보하게 되는 것이다. 이인화는 근대화의 모습 중 하나인 공동묘지 방식과 근대화의 상징인 신식 의복을 긍정적으로 인식한다. 그러면서도 검열, 착취, 수탈하는 일본인의 모습을, 식민지 조선인을 요보라고 칭하며 괄시하고 인신매매를 일삼는 일본인의 모습을 애써 외면하지 않고 이러한 억압과 착취를 직시하는 식민지 조선을 살아가는 이인화가 존재한다. 염상섭의 문학은 이러한 점에서 이광수의 문학과 궤를 달리한다는 평가가 가능한 것이다.

① 이형식은 이인화와는 달리 자신이 직면한 세계와의 불화가 있었을 것이다.
② 이광수는 식민지 현실과의 냉정한 거리감을 확보하며 타인과의 연대를 추구했을 것이다.
③ 이광수와 염상섭은 근대화의 필요성 자체를 부인하지는 않았을 것이다.
④ 이형식이 김선형을 선택한 것은 일본인들의 착취와 억압을 드러내기 위한 이광수의 의도에서 비롯된다.

⟨NEW대종의 예상 문제⟩

09. 다음 글을 이해한 내용으로 가장 적절한 것은?

　르네 지라르는 인간의 욕망이란 타자가 이미 욕망한 대상을 주체도 향유하려는 바람에서 비롯되는 것으로, 자발적이고 주체적으로 발생하는 것이 아니라 타인의 욕망을 모방한 것일 뿐이라고 주장한다. 그에 따르면 욕망은 주체와 대상 사이에 존재하는 타자에 의해 중개되거나 타자에게 중개하는 것이므로 이때의 이들을 욕망의 중개자라고 한다.
　한국의 고전시가에서는 당시 공동체에서 공유되었던 욕망의 전형들을 확인할 수 있다. 사대부가 주된 향유층이었던 사대부 가사에는 송순의 「면앙정가」와 같이 자연을 벗 삼아 즐거움을 누리는 작품이 있는가 하면, 허전의 「고공가」와 같이 유교적 실천 윤리를 규범적으로 제시하여 유교 이념의 유지와 강화를 시도했던 작품이 있다. 지라르에 따르면 주체와 중개자의 관계에 의해 모방된 욕망은 중개자에 대한 주체의 경쟁심에서 비롯된 것이며, 이러한 경쟁심이 과열될수록 주체와 중개자 사이의 차이가 소멸되며 개인의 정체성이 약화된다고 설명한다. 한국의 사대부 가사가 한정된 주제를 중심으로 창작된 것은 중개자의 욕망을 모방한 주체도 다른 주체에게 욕망을 중개하며 공동체의 동질성을 강화시킨 모습을 보여 준다.
　반면 기형도의 「질투는 나의 힘」은 화자가 추구했던 수많은 욕망들이 허영심에서 비롯되었다는 사실에 대한 성찰을 보여 주는 작품이다. 화자는 자신의 허영심으로 인해 내면에 세워진 수많은 공장들을 보게 된다. 이에 그는 자신의 희망의 내용이 질투뿐이었다는 사실을 인식하고 탄식한다. 한평생 미친 듯이 사랑을 찾아 헤매었던 그가 정작 단 한 번도 스스로를 사랑하지 않았다는 깨달음을 얻은 것이다. 이는 욕망을 주체적으로 설정하며 살아오지 못했던 화자가 그로 인한 폐해를 자각하게 되는 과정을 통해 개인의 정체성이 강화되는 모습을 보인다.

① 「질투는 나의 힘」은 욕망을 주체적으로 설정하지 못하는 삶의 태도가 무분별한 산업화로 이어졌음을 성찰한다.
② 「질투는 나의 힘」은 화자의 욕망을 다른 주체가 모방하는 과정에서 생겨난 폐해를 자각하는 과정을 보여 준다.
③ 「면앙정가」와 「고공가」가 개인의 정체성이 약화된 삶의 모습을 드러낸다면, 「질투는 나의 힘」은 개인의 정체성을 항상 지켜 왔던 삶의 모습을 드러낸다.
④ 「면앙정가」는 자연을 벗 삼아 누리는 즐거움을, 「고공가」는 유교적 이념의 실천이라는 욕망을 다른 주체에게 중개하는 역할을 수행했을 것이다.

유대종의
새로운 시선(IN:SIGHT)

CH4. 문학 평론을 바라보는 새로운 시선

정답과 해설

| 01. ① | 02. ④ | 03. ④ | 04. ② | 05. ④ |
| 06. ③ | 07. ② | 08. ③ | 09. ④ | |

01. ①

정답 풀이 문학 평론은 수능장에서 자주 우리가 접했던 〈보기〉와도 유사하다. 즉 출제자의 응집된 해석이 존재하기 마련이고, 그 글의 흐름은 주로 일반적인 것에서 구체적인 것으로 나아가기 마련이다. 2문단은 곧 1문단에 대한 사례라고 생각하면 된다. 그렇다면 사례는 핵심의 요소들이 재진술되는 부분이 존재한다. 즉, ㉠의 주변은 고뇌, 민감한 주제 등이 앞 문단의 고투, 논의 의제와 연결되므로 문제의 해결성이며, ㉡의 주변은 당시의 시공간이 1문단에 나온 우리가 살고 있는 시공간과 연결될 수 있기에 세계의 현실성이다. 나아가, ㉢은 근저에서 흔들었다는 이야기와 자살을 선택했다는 사실이 그 앞 문단에 등장하는 좌표를 흔들면서 선택지를 제출할 때와 동일하므로 해결의 현실성으로 볼 수 있다.

02. ④

정답 풀이 다음 글에서 '상황의 구체적 의미'는 작품에 반영된 사회적·문화적 의미를 문학 작품 창작 당시와 연관시켜 해석할 때 드러난다고 했는데, 여기서 핵심이 되는 것은 '문학 작품 창작 당시와 연관시켜 해석'한다는 것이다. 따라서 '이명준이 겪은 사건을 창작된 시대의 상황 및 그 시기에 작가가 가졌던 가치관과 연결하여 그 의미를 알아본다.'라고 한 ④번이 상황의 구체적 의미를 바탕으로 이 작품을 이해하기 위해 가장 필요한 활동임을 알 수 있다.

03. ④

정답 풀이 제시문에 따르면 '믿을 수 없는 서술'의 비신빙성을 형성해 가는 요인들은 크게 네 가지로 유형화될 수 있다. 해당 문항은 2문단에 제시된 각각의 한국소설에서 '믿을 수 없는 서술'을 형성하는 요인이 1문단의 어떠한 유형에 해당하는지를 확인하는 작업이 요구되었다. 먼저 김동인의 「발가락이 닮았다」의 경우 서술자인 '나'가 총각 M의 친구이자 의사이며, '서술자의 친분에서 비롯된 선입견이 작동'한다고 설명되어 있다. 이는 '서술자가 다른 인물과 맺은 개인적 연루 관계(=친분)가 서술자의 이성적인 판단을 흐리게 하여 편견(=선입견)에 사로잡힌 서술을 낳는 경우'에 해당한다. 따라서 ㉠은 '개인적 연루 관계'에 해당한다. 참고로 「발가락이 닮았다」의 서술자는 의학적 지식이 있는 인물이므로, '서술자의 지식 수준이 사회적·도덕적 상식에 미치지 못하'는 경우에 해당한다고 보기 어렵다. 다음으로 염상섭의 「제야」의 경우 서술자는 '구시대의 성관념'이라는 당대 현실의 리얼리티에 대해 '현대적 윤리'라는 독특한 관점을 견지하는 인물인데, 이는 '봉건적 가치관에 사로잡힌 독자에게 새로운 관점을 제공'한다고 설명되어 있다. 이는 '당대 현실의 리얼리티에 대해 독특한 관점을 제시하는 특이한 개성을 소유한 서술자가 등장하는 경우'에 해당한다. 따라서 ㉡은 '특이한 개성'에 해당한다. 참고로 ㉡이 '문제적인 가치규범'에 해당하려면 서술자의 가치규범이 '작품이 전달하려는 주제의식과 대립을 형성'해야 하는데, 「제야」가 전달하려는 주제의식은 '봉건적 가치관에 사로잡힌 독자'를 향한 '새로운 관점'으로서 '신여성'인 서술자가 보여 주는 '현대적 윤리'이므로, 서술자의 가치규범이 작품의 주제의식과 대립을 형성한다고 볼 수 없다. 마지막으로 채만식의 「치숙」의 경우 '식민지 상황을 긍정하고 기꺼이 일본에 동화하려는 서술자의 가치관'이 '독자의 비판의식을 맹렬하게 이끌어' 낸다고 설명되어 있는데, 이는 '서술자가 문제적인 가치규범(=일본에 동화)에 윤색되어 있어 작품이 전달하려는 주제의식(=친일에 대한 비판의식)과 대립을 형성하는 경우'에 해당한다. 따라서 ㉢은 '문제적인 가치규범'에 해당한다.

04. ②

정답 풀이 마지막 문단에 기술되었듯이, 마지막 4연은 외면이나 도피가 아닌, 현실을 새롭게 규정하는 적극적 행위로 읽어야 한다.

오답 풀이
① 뚜렷한 계절의 변화는 기술되어 있지 않다.
③ 반목과 화해를 거듭한 적이 없다.
④ 절망하는 것에서 투사의 면모가, 희망을 놓지 않으려는 것에서 시인의 면모가 나타나는 것이다.

CH4. 문학 평론을 바라보는 새로운 시선

05. ④

정답 풀이 정신적이고 적극적 자아, 즉 저항적 자아는 마지막까지 이어진다고 기술되어 있으므로 해당 선지는 적절하지 않다.

오답 풀이
① 밤비, 육첩방 등으로 시공간적 배경을 확인할 수 있다.
② 침전, 절망하는 등으로 확인할 수 있다.
③ 마지막 10연에서 적극적 자아가 소극적 자아에게 눈물과 위안으로 악수를 하는 것은 바로 지문의 1문단에서 등장한 연민을 바탕으로 한 주관 사이의 진정한 화해이다.

06. ③

정답 풀이 "우리 민족이 공유하던 구비 문학을 기반"으로 하는 「접동새」는 "당시 평안도 지방에 전해 내려오던 '접동새 설화'를 수용하여 재창조하는 작품"이다. 따라서 「접동새」가 기반으로 하는 우리 민족의 구비 문학이란 "접동새 설화"임을 알 수 있다. 「접동새」에서 "아홉 오래비"를 변형시킨 "아우래비"는 접동새 울음의 생생한 청각적 이미지를 의미와의 연관 속에서 제시하는 독창적인 시어"인데, 여기에서 "아홉 오래비"는 "출가를 앞두고 계모에게 억울하게 죽은 큰누나의 원혼이 접동새가 되어 남은 동생들을 못 잊고 밤마다 구슬피 운다는" 접동새 설화의 내용을 고려할 때 "남은 동생들"에 해당함을 알 수 있다. 그러므로 「접동새」의 "아우래비"는 우리 민족의 구비 문학(접동새 설화)과 관련된 표현인 "아홉 오래비"를 "아우래비"라는 접동새 울음으로 재창조한 독창적인 시어라고 할 수 있다.

오답 풀이
① 「접동새」는 "평안도 진두강가에 살았던 오누이의 슬픈 이야기로, 출가를 앞두고 계모에게 억울하게 죽은 큰누나의 원혼이 접동새가 되어 남은 동생들을 못 잊고 밤마다 구슬피 운다는" 내용인 "접동새 설화"를 수용하고 있을 뿐이다. 「접동새」가 실제 시인의 누나에 관련된 체험을 바탕에 두고 있는지는 제시문의 내용으로 알 수 없다.
② 「접동새」에서 누이가 죽은 것이지, 동생이 죽은 것은 아니다.
④ 「접동새」가 "민중들의 집단적인 감수성에 기대어 시적 주체의 감정을 보편적인 정서로 일반화"시키는 것은 사실이다. 그러나 「접동새」가 수용하는 "접동새 설화는 평안도 진두강가에 살았던 오누이의 슬픈 이야기로, 출가를 앞두고 계모에게 억울하게 죽은 큰누나의 원혼이 접동새가 되어 남은 동생들을 못 잊고 밤마다 구슬피 운다는 내용"이다. 따라서 「접동새」가 "이러한 설화를 이끌어 와 당시에 나라를 잃고 슬픔에 빠진 우리 민족의 심정을 절실한 가락으로 노래"한 작품이라고 볼 수는 있어도, 이는 2문단의 내용처럼 "설화의 단순한 차용이나 반복에 그치지 않는 현대시적 변용과 재창조"를 통해 가능했던 것이지, 그 설화 속의 평안도 오누이가 나라를 잃고 슬픔에 빠졌었다고 보기는 어렵다.

07. ②

정답 풀이 영웅소설의 주인공은 원점에서 분리되고, 이형식 역시 이상적 원점을 상실하므로 해당 선지는 적절하다.

오답 풀이
① 고소설은 회귀의 크로노토프가 작동한다.
③ 두 사람의 결합은 곧 회귀를 의미하며 이형식은 이를 거부한다.
④ 가정소설의 원점은 평화로운 공존이며, 만약 그런 결말은 원점으로의 복귀 그 자체가 될 것이다.

08. ③

정답 풀이 공통점은 두 대상을 구분하기 전이나 공통적인 단어에서 찾도록 한다. 두 주인공 모두 근대화를 긍정적으로 인식하므로 해당 선지는 타당하다.

오답 풀이
① 1문단에 따르면 문학 장치에 나오는 주인공들은 세계와의 불화 속에서 문제를 해결하는 존재이므로 이는 둘 모두의 공통점에 해당한다.
② 현실과의 냉정한 거리를 확보한 것은 이인화이므로 염상섭에 대한 설명에 해당한다.
④ 일본인의 착취, 억압을 드러내고자 했던 것은 이인화, 즉 염상섭에 대한 설명에 해당한다.

09. ④

정답 풀이 제시문에서 '사대부가 주된 향유층이었던 사대부 가사에는 ~ 작품이 있다'라는 내용에 따르면 「면앙정가」가 자연을 벗 삼아 누리는 즐거움을, 「고공가」는 유교적 윤리의 실천을 드러내는 작품임을 알 수 있다. 또한 '한국의 사대부 가사가 한정된 주제를 중심으로 창작된 것은 중개자의 욕망을 모방한 주체도 다른 주체에게 욕망을 중개'했기 때문이므로, 마찬가지로 사대부 가사인 「면앙정가」와 「고공가」도 자신의 욕망을 다른 주체에게 중개하는 역할을 수행했을 것이다. 따라서 「면앙정가」는 자연을 벗 삼아 누리는 즐거움을, 「고공가」는 유교적 이념의 실천이라는 욕망을 다른 주체에게 중개하는 역할을 수행했을 것이라는 설명은 적절하다.

오답 풀이
① 제시문에서 '화자는 자신의 허영심으로 인해 내면에 세워진 수많은 공장들을 보게 된다'라는 내용을 확인할 수 있기는 하나, 이때의 '공장'은 실제 공장이기보다 화자의 '내면'에 세워진 것으로서 '욕망을 주체적으로 설정하며 살아오지 못했던 화자'의 삶에 생겨난 '폐해'를 상징한다고 이해하는 것이 자연스럽다. 화자의 내면에 세워진 '공장'이 무분별한 산업화의 결과를 의미한다는 설명은 제시문에서 확인할 수 없다.
② 「질투는 나의 힘」은 '화자가 추구했던 수많은 욕망들이 허영심에서 비롯되었다는 사실에 대한 성찰'을 보여 주는 작품이다. 이는 자신의 욕망이 '자발적이고 주체적으로 발생하는 것이 아니라 타인의 욕망을 모방한 것일 뿐'이라는 사실을 깨닫게 된 모습을 보여 준다고 할 수 있다. 그러므로 타인이 자신의 모습을 모방하는 것은 해당 시에서 등장하지 않으므로 해당 선지는 적절하지 않다.
③ 「면앙정가」와 「고공가」가 개인의 정체성이 약화된 삶의 모습을 드러낸다는 설명은 적절하다. 그러나 '화자가 추구했던 수많은 욕망들이 허영심에서 비롯되었다는 사실에 대한 성찰을 보여 주'는 「질투는 나의 힘」은 '욕망을 주체적으로 설정하며 살아오지 못했던' 화자의 삶을 반성하는 작품이다. 따라서 「질투는 나의 힘」이 개인의 정체성을 항상 지켜 왔던 삶의 모습을 드러낸다는 설명은 적절하지 않다.

CH. 5

**독해를 바라보는
새로운 시선 2**

유대종의
새로운 시선

IN:SIGHT

유대종의
새로운 시선(IN:SIGHT)

CH 5. 독해를 바라보는 새로운 시선 2

〈NEW 시험 예시 문제〉

[01] 다음 글을 읽고 물음에 답하시오. *2025년도 9급 공무원 시험 출제 기조 전환 국어 예시문제*

> 영국의 유명한 원형 석조물인 스톤헨지는 기원전 3,000년경 신석기시대에 세워졌다. 1960년대에 천문학자 호일이 스톤헨지가 일종의 연산장치라는 주장을 하였고, 이후 엔지니어인 톰은 태양과 달을 관찰하기 위한 정교한 기구라고 확신했다. 천문학자 호킨스는 스톤헨지의 모양이 태양과 달의 배열을 나타낸 것이라는 의견을 제시해 관심을 모았다.
>
> 그러나 고고학자 앳킨슨은 그들의 생각을 비난했다. 앳킨슨은 스톤헨지를 세운 사람들을 '야만인'으로 묘사하면서, 이들은 호킨스의 주장과 달리 과학적 사고를 할 줄 모른다고 주장했다. 이에 호킨스를 옹호하는 학자들이 진화적 관점에서 앳킨슨을 비판하였다. 이들은 신석기시대보다 훨씬 이전인 4만 년 전의 사람들도 신체적으로 우리와 동일했으며 지능 또한 우리보다 열등했다고 볼 근거가 없다고 주장했다.
>
> 하지만 스톤헨지의 건설자들이 포괄적인 의미에서 현대인과 같은 지능을 가졌다고 해도 과학적 사고와 기술적 지식을 가지지는 못했다. 그들에게는 우리처럼 2,500년에 걸쳐 수학과 천문학의 지식이 보존되고 세대를 거쳐 전승되어 쌓인 방대하고 정교한 문자 기록이 없었다. 선사시대의 생각과 행동이 우리와 똑같은 식으로 전개되지 않았으리라는 점은 매우 중요하다. 지적 능력을 갖췄다고 해서 누구나 우리와 같은 동기와 관심, 개념적 틀을 가졌으리라고 생각하는 것은 잘못이다.

01. 윗글에 대해 평가한 내용으로 가장 적절한 것은?

① 스톤헨지가 제사를 지내는 장소였다는 후대 기록이 발견되면 호킨스의 주장은 강화될 것이다.
② 스톤헨지 건설 당시의 사람들이 숫자를 사용하였다는 증거가 발견되면 호일의 주장은 약화될 것이다.
③ 스톤헨지의 유적지에서 수학과 과학에 관련된 신석기시대 기록물이 발견되면 글쓴이의 주장은 강화될 것이다.
④ 기원전 3,000년경 인류에게 천문학 지식이 있었다는 증거가 발견되면 앳킨슨의 주장은 약화될 것이다.

도식화

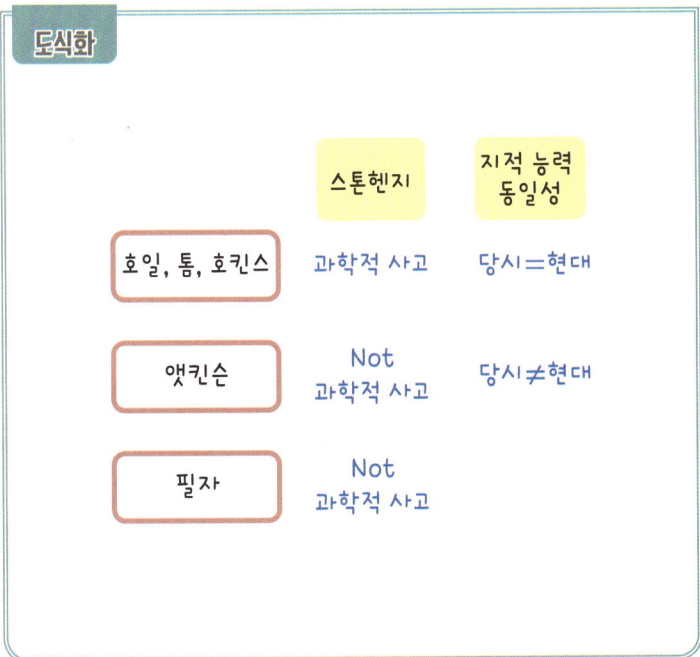

리딩 체계화

- 각각의 입장을 대비적으로 이해하자.

01. ④

정답 풀이 윗글에서 앳킨슨은 스톤헨지를 세운 사람들을 '야만인'으로 묘사하면서, 이들은 호킨스의 주장과 달리 과학적 사고를 할 줄 모른다고 주장했음을 확인할 수 있다. 이러한 점에 비추었을 때, 기원전 3,000년경 인류에게 천문학 지식이 있었다는 증거가 발견되면 앳킨슨의 주장은 약화될 것이므로 적절하다.

오답 풀이
① 윗글에서 천문학자 호킨스는 스톤헨지의 모양이 태양과 달의 배열을 나타낸 것이라는 의견을 제시했다는 것을 확인할 수 있다. 스톤헨지가 제사를 지내는 장소였다는 후대 기록이 발견된다면, 제사를 지내는 것과 천문학적 내용은 직접적인 관련이 없기에, 이것이 호킨스의 주장을 강화하지는 않는다.
② 윗글에서 천문학자 호일은 스톤헨지가 일종의 연산장치라는 주장을 하였다는 것을 확인할 수 있다. 스톤헨지 건설 당시의 사람들이 숫자를 사용하였다는 증거가 발견되면 호일의 주장은 강화될 것이므로 적절하지 않다.
③ 글쓴이의 주장은, 스톤헨지가 건설된 때에 현대인과 같은 지능을 가졌다 하더라도 그들은 과학적 사고와 기술적 지식을 가지지 못했다는 입장이다. 스톤헨지의 유적지에서 수학과 과학에 관련된 신석기시대 기록물이 발견되면 글쓴이의 주장은 오히려 약화될 것이다.

〈NEW대종의 예상 문제〉

[02] 다음 글을 읽고 물음에 답하시오.　　　　　　　　　　　　　　　2019 PSAT 민경채

　당신은 '행복 기계'에 들어갈 것인지 망설이고 있다. 만일 들어간다면 그 순간 당신은 기계에 들어왔다는 것을 완전히 잊게 되고, 이 기계를 만나기 전에는 맛보기 힘든 멋진 시간을 가상현실 기술을 통해 경험하게 된다. 단, 누구든 한 번 그 기계에 들어가면 삶을 마칠 때까지 거기서 나올 수 없다. 이 기계에는 고장도 오작동도 없다. 당신은 이 기계에 들어가겠는가? 우리의 삶은 고난과 좌절로 가득 차 있지만, 우리는 그것들이 실제로 사라지기를 원하지 그저 사라졌다고 믿기를 원하지 않는다. 이러한 사실은, 참인 믿음이 우리에게 아무런 이익이 되지 않거나 심지어 손해를 가져오는 경우에도 우리가 거짓인 믿음보다 참인 믿음을 가지기를 선호한다는 견해를 뒷받침한다.

　돈의 가치는 숫자가 적힌 종이 자체에 있지 않다. 돈이 가치를 지니는 것은 그것이 좋은 것들을 얻는 도구로 기능하기 때문이다. 참인 믿음을 가지는 것이 유용한 경우가 많은 것은 사실이지만, 다른 것들을 얻기 위한 수단인 돈과 달리 참인 믿음은 그 자체로 가치가 있다. 그리고 행복 기계에 관한 우리의 태도는 이를 분명하게 보여 준다.

　다른 것에 대한 선호로는 설명될 수 없는 원초적인 선호를 '기초 선호'라고 부른다. 가령 신체의 고통을 피하려는 것은 기초 선호로 보인다. 참인 믿음은 어떤가? 만약 참인 믿음이 기초 선호의 대상이 아니라면, 참인 믿음과 거짓인 믿음이 실용적 손익에서 동등할 경우 전자를 후자보다 더 선호해야 할 이유는 없다. 여기서 확인하게 되는 결론은, 참인 믿음이 기초 선호의 대상이라는 것이다. 그렇지 않다면, 사람들이 행복 기계에 들어가 행복한 거짓 믿음 속에 사는 편을 택하지 않을 이유가 없을 것이다.

02. 윗글에 대한 평가로 적절하지 <u>않은</u> 것은?

① 대부분의 사람이 행복 기계에 들어가는 편을 택할 경우, 논지는 강화된다.
② 행복 기계가 현실에 존재하지 않는다는 사실이 논지를 약화하지는 않는다.
③ 행복 기계에 들어가지 않는 유일한 이유가 참과 무관한 실용적 이익임이 확인될 경우, 논지는 약화된다.
④ 실용적 이익이 없음에도 불구하고 우리가 수학적 참인 정리를 믿는 것을 선호한다는 사실은 논지를 강화한다.

도식화

　　　　　　　〈필자의 생각〉　　　〈이유, 근거〉
　　　　　　　행복 기계 선호 ↓　←　참인 믿음 X
　　　　　　　　　　　　　⋮
　　　　　　　　　　　　유관성

리딩 체계화

- 논지는 곧 필자의 입장이다.

02. ①

정답 풀이 3문단에 따르면 '그렇지 않다면, 사람들이 행복 기계에 들어가 행복한 거짓 믿음 속에 사는 편을 택하지 않을 이유가 없'다며 결론을 정당화하고 있다. 따라서 대부분의 사람이 참인 믿음을 가지기를 선호하기보다 행복 기계에 들어가는 편을 택하면 결론의 정당성이 약화될 것이므로 적절하지 않다고 판단할 수 있다.

오답 풀이
② 2문단에 드러나듯, 해당 논리에서 중요한 것은 행복 기계에 대한 사람들의 '태도'이지, 행복 기계의 실존에서 논지가 도출되고 있는 것은 아니므로 적절하다고 판단할 수 있다.
③ 참인 믿음은 기초 선호이기 때문에 행복 기계에 들어가지 않는다는 것이 이 글의 핵심 논지이다. 만약, 참과 무관하다면 핵심 논지는 약화될 것이다.
④ 1, 3문단에서 제시되었듯, 윗글은 '참인 믿음이 우리에게 아무런 이익이 되지 않'아도 '참인 믿음을 선호'한다는 것을 주장하고 있는 것이므로, 적절하다고 판단할 수 있다.

CH 5. 독해를 바라보는 새로운 시선 2

〈NEW대종의 예상 문제〉

[03] 다음 글을 읽고 물음에 답하시오.　　　　　　　　　　　　　　　2021 PSAT 언어논리

　　우리나라에서 주먹도끼가 처음 발견된 곳은 경기도 연천이다. 첫 발견 이후 대대적인 발굴조사를 통해 연천의 전곡리 유적이 세상에 그 존재를 드러내게 되었고 그렇게 발견된 주먹도끼는 단숨에 세계 학자들의 주목 대상이 되었다. 그동안 동아시아에서는 찍개만 발견되었을 뿐 전기 구석기의 대표적인 석기인 주먹도끼는 발견되지 않았기 때문이었다.

　　찍개는 초기 인류부터 사용했으며 세계 곳곳에서 발견되었다. 반면 프랑스의 아슐에서 처음 발견된 주먹도끼는 양쪽 면을 갈아 만든 거의 완벽에 가까운 좌우대칭 형태의 타원형 도구이다. 사냥감의 가죽을 벗겨 내고, 구멍을 뚫고, 빻거나 자르는 등 다양한 작업에 사용된 다용도 도구였다. 학계가 주먹도끼에 주목했던 것은 그것이 찍개에 비해 복잡한 가공작업을 거쳐 만든 것이므로 인류의 진화 과정을 풀 열쇠라고 보았기 때문이다. 주먹도끼를 만들기 위해서는 만들 대상을 결정하고 그에 따른 모양을 설계한 뒤, 적합한 재료를 선택해 제작하는 복잡한 과정을 거쳐야 했다. 이는 구석기인들의 지적 수준이 계획과 실행이 가능한 수준으로 도약했다는 것을 확인해 주는 부분이다. 아동 심리발달 단계에 따르면 12세 정도가 되면 형식적 조작기에 도달하게 되는데, 주먹도끼처럼 3차원적이며 대칭적인 물건을 만들 수 있으려면 이런 형식적 조작기 수준의 인지 능력, 즉 추상적 개념에 대하여 논리적·체계적·연역적으로 사고할 수 있을 정도의 인지 능력을 갖추어야 한다. 더 나아가 형식적 조작 능력을 갖추었을 때 비로소 언어적 지능이 발달하게 된다. 즉 주먹도끼를 제작할 수 있다는 것은 추상적 사고를 할 수 있으며 그런 추상적 개념을 언어로 표현하고 대화할 수 있다는 것을 의미한다.

　　전곡리에서 주먹도끼가 발견되었을 당시 학계는 ㉠모비우스 학설이 지배하고 있었다. 이 학설은 주먹도끼가 발견되지 않은 인도 동부를 기준으로 모비우스 라인이라는 가상선을 긋고, 그 서쪽 지역인 유럽이나 아프리카는 주먹도끼 문화권으로, 그 동쪽인 동아시아는 찍개 문화권으로 구분하였다. 더불어 모비우스 라인 동쪽 지역은 서쪽 지역보다 인류의 지적·문화적 발전 속도가 뒤떨어졌다고 하였다.

03. 윗글의 ㉠에 대한 평가로 가장 적절한 것은?

① 주먹도끼를 만들어 사용한 인류가 찍개를 만들어 사용한 인류보다 두개골이 더 컸다는 것이 밝혀진다면 ㉠이 강화된다.
② 형식적 조작기 수준의 인지 능력을 가진 인류가 구석기 시대에 동아시아에서 유럽으로 이동했다는 것이 밝혀진다면 ㉠이 강화된다.
③ 계획과 실행을 할 수 있는 지적 수준의 인류가 거주했던 증거가 동아시아 전기 구석기 유적에서 발견되고 추상적 개념을 언어로 표현하며 소통했던 증거가 유럽의 전기 구석기 유적에서 발견된다면 ㉠이 강화된다.
④ 학술 연구를 통해 전곡리 유적이 전기 구석기 시대의 유적으로 확증된다면 ㉠이 약화된다.

도식화

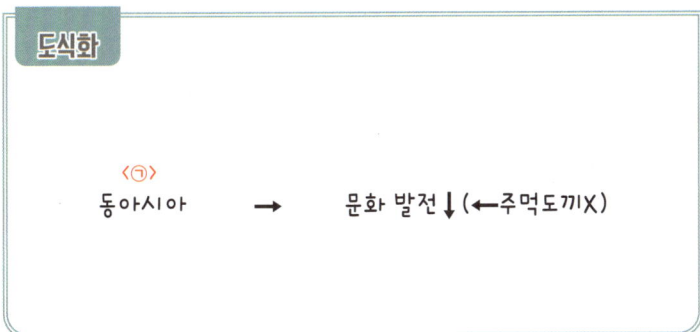

리딩 체계화

- 강화, 약화는 핵심 입장을 정리하는 것에서부터 시작!

03. ④

정답 풀이 1문단에 따르면 전곡리 주먹도끼가 세계 학자들의 주목 대상이 된 것은 그동안 동아시아에서는 찍개만 발견되었을 뿐, 전기 구석기의 대표적인 석기인 주먹도끼는 발견되지 않았기 때문이다. ㉠은 이 주먹도끼가 인도 동부에 있는 가상의 선인 모비우스 라인 동쪽으로는 발견되지 않았다는 것을 근거로, 동아시아를 찍개 문화권으로 규정하고 서쪽에 속하는 유럽 등에 비해 찍개를 사용하는 동아시아 등의 동쪽 지역은 지적인, 문화적인 발전 속도가 뒤떨어졌다 주장하는 이론이므로 모비우스 라인 동쪽으로 찍개 문화권이라 규정된 동아시아에서도 주먹도끼가 발견되고 전곡리 유적이 전기 구석기 시대의 유적으로 확증된다면 더 이상 이론이 성립할 수 없게 되어 약화될 것이라고 판단할 수 있다.

오답 풀이
① 3문단에 따르면 모비우스 학설은 가상의 모비우스 라인을 기준으로 지역을 주먹도끼 문화권과 찍개 문화권으로 나누고 후자가 지적, 문화적 발전 속도가 뒤떨어진다고 주장하는 것이다. 지문 전체에서 지능과 두개골의 연관 관계가 제시되지 않은 점을 고려할 때, 해당 정보가 ㉠ 이론을 강화할 수 있다고 보기는 어렵다.
② 2문단에 따르면 형식적 조작기 수준의 인지 능력은 주먹도끼를 만들기 위해 갖추어야 할 조건이다. ㉠ 이론은 모비우스 라인이라는 가상의 선을 기준으로 동아시아 문화권을 찍개 문화권으로, 유럽 문화권을 주먹도끼 문화권으로 규정하고 전자가 후자에 비해 지적, 문화적 발전 속도가 느리다고 주장하는 것이다. 그런데 주먹도끼를 만들 수 있는 정도의 인지 능력을 갖춘 인류가 동아시아에 먼저 출현한 뒤, 이 인류가 유럽에 이동한 것이라면 동아시아의 지적, 문화적 발전 속도가 유럽보다 느리다고 주장할 수 없어, 주장이 강화되지 못하고 약화될 것이다.
③ 2문단에 따르면 계획과 실행을 할 수 있는 능력이 있어야 주먹도끼를 만들 수 있으므로, 주먹도끼를 통해 계획과 실행 능력을 확인할 수 있다. 이런 능력이 동아시아의 인류에도 있었다면, 모비우스 라인이라는 가상의 라인을 기준으로 주먹도끼가 발견되지 않은 라인 동쪽 지역인 동아시아 지역이 서쪽 지역에 비해 지적 발전 속도가 뒤떨어졌다고 주장할 수 없게 되므로 ㉠은 강화되는 것이 아니라 약화될 것이다.

논리 문제가 고득점의 키포인트가 되어 버렸다. 기본적인 논리 규칙을 알아 둔다면 훨씬 간편하게 문제를 풀 수 있을 것이다. 나아가, 반복되는 논리 문제의 패턴을 알아 둔다면 분명 고득점의 길은 열릴 것이다.

CH.

6

논리를 바라보는
새로운 시선

유대종의
새로운 시선

IN:SIGHT

유대종의 새로운 시선(IN:SIGHT)

CH 6. 논리를 바라보는 새로운 시선

〈NEW 시험 예시 문제〉

01. 다음 진술이 모두 참일 때 반드시 참인 것은?

> 2025년도 9급 공무원 시험 출제 기조 전환 국어 예시문제

- 오 주무관이 회의에 참석하면, 박 주무관도 참석한다.
- 박 주무관이 회의에 참석하면, 홍 주무관도 참석한다.
- 홍 주무관이 회의에 참석하지 않으면, 공 주무관도 참석하지 않는다.

① 공 주무관이 회의에 참석하면, 박 주무관도 참석한다.
② 오 주무관이 회의에 참석하면, 홍 주무관은 참석하지 않는다.
③ 박 주무관이 회의에 참석하지 않으면, 공 주무관은 참석한다.
④ 홍 주무관이 회의에 참석하지 않으면, 오 주무관도 참석하지 않는다.

---

01. ④

정답 풀이 오 주무관이 회의에 참석하면, 박 주무관도, 홍 주무관도 참석하게 된다.(오→박→홍) 그러므로 오 주무관이 회의에 참석하면, 홍 주무관도 참석할 것이다. 이것의 대우에 따라, 홍 주무관이 참석하지 않으면 오 주무관도 회의에 참석하지 않는다.(~홍→~박→~오)

오답 풀이
① 홍 주무관이 회의에 참석하지 않으면, 공 주무관도 참석하지 않으므로(~홍→~공) 대우를 취하면 공 주무관이 회의에 참석했다는 것은 홍 주무관도 회의에 참석했다는 것이다.(공→홍) 그런데 박 주무관이 회의에 참석하면 홍 주무관도 참석한다는 것(박→홍)이 역(홍→박)으로서 반드시 옳다고 할 수 없다. 결국 공 주무관이 회의에 참석하면 홍 주무관 역시 회의에 참석하지만, 박 주무관 역시 참석하는지는 반드시 참이 아니다.
② 오 주무관이 회의에 참석하면, 박 주무관도 참석한다. 그런데 두 번째 진술에 의해 박 주무관이 회의에 참석하면 홍 주무관도 참석(오→박→홍)하므로 거짓이다.
③ 박 주무관이 회의에 참석하지 않으면, 오 주무관도 참석하지 않는 것일 뿐, 공 주무관의 참석이 반드시 참인 것은 아니다.

⟨NEW대종의 예상 문제⟩

02. 다음 글의 내용이 참일 때, 갑이 반드시 수강해야 할 과목은?

갑은 A~E 과목에 대해 수강신청을 준비하고 있다. 갑이 수강하기 위해 충족해야 하는 조건은 다음과 같다.

○ A를 수강하면 B를 수강하지 않고, B를 수강하지 않으면 C를 수강하지 않는다.
○ D를 수강하지 않으면 C를 수강하고, A를 수강하지 않으면 E를 수강하지 않는다.
○ E를 수강하지 않으면 C를 수강하지 않는다.

① A
② B
③ C
④ D

02. ④

정답 풀이 'A를 수강하면 B를 수강하지 않고, B를 수강하지 않으면 C를 수강하지 않는다.'는 'A→~B→~C'로 표현할 수 있고, 이것의 대우는 'C→B→~A'이다. 'D를 수강하지 않으면 C를 수강하고'는 '~D→C'가 되며, 이것의 대우는 '~C→D'가 된다. 'A를 수강하지 않으면 E를 수강하지 않는다.'는 '~A→~E'가 되며 이것의 대우는 'E→A'가 된다. 'E를 수강하지 않으면 C를 수강하지 않는다.'는 '~E→~C'가 되며 이것의 대우는 'C→E'가 된다. A를 수강하면 C를 수강하지 않는다.(이하 1) 그런데 C를 수강하면 E를 수강하고, E를 수강하면 A를 수강한다.(이하 2) (1)과 (2)에 의해 C는 수강이 불가능하다. C가 수강이 불가능하면 D를 수강해야만 한다.

유대종의 새로운 시선(IN:SIGHT)

CH 6. 논리를 바라보는 새로운 시선

〈NEW 시험 예시 문제〉

03. (가)와 (나)를 전제로 할 때 빈칸에 들어갈 결론으로 가장 적절한 것은? 2025년도 9급 공무원 시험 출제 기조 전환 국어 예시문제

> (가) 노인복지 문제에 관심이 있는 사람 중 일부는 일자리 문제에 관심이 있는 사람이 아니다.
> (나) 공직에 관심이 있는 사람은 모두 일자리 문제에 관심이 있는 사람이다.
>
> 따라서 _____

① 노인복지 문제에 관심이 있는 사람 중 일부는 공직에 관심이 있는 사람이 아니다.
② 공직에 관심이 있는 사람 중 일부는 노인복지 문제에 관심이 있는 사람이 아니다.
③ 공직에 관심이 있는 사람은 모두 노인복지 문제에 관심이 있는 사람이 아니다.
④ 일자리 문제에 관심이 있지만 노인복지 문제에 관심이 없는 사람은 모두 공직에 관심이 있는 사람이 아니다.

03. ①

정답 풀이 일자리 문제에 관심이 없는 누군가는, 노인 복지 문제에 관심이 있는 사람이다. 일자리 문제에 관심이 없다면 공직에 관심이 있는 사람이 아니다. 즉 일자리 문제에 관심이 없으며, 노인 복지 문제에 관심이 있는 누군가가 있다면 그 사람은 공직에 관심이 있는 사람이 아니기 때문에 해당 선지는 타당하다.

오답 풀이
② 해당 전제들을 통해, 공직에 관심 있는 사람들 중 일부가 노인 복지 문제에 관심이 있는 사람이 아님을 도출할 수는 없다.
③ (가)에 따르면 노인복지 문제에 관심이 있는 사람 중에서 일부만이 일자리 문제에 관심이 없을 뿐이므로, 일자리 문제에 관심이 있으며 공직에 관심이 있는 사람에 대해 모두가 노인복지 문제에 관심이 없다는 결론을 도출할 수는 없다.
④ (나) 조건에 따르면 공직에 관심이 있는 사람은 모두 일자리 문제에 관심이 있으므로, 일자리 문제에 관심이 없는 사람은 공직에 관심이 있는 사람이 아닌 것을 도출할 수 있을 뿐이다. 공직과 노인복지 문제의 관심이 직접적으로 연결된 바 없으므로, 노인복지 문제에 관심이 없다고 하여 공직에 관심이 없다는 결론을 도출할 수는 없다.

⟨NEW대종의 예상 문제⟩

04. 다음에 들어갈 수 있는 전제를 고르시오.

전제 1. 어떤 학원은 주식회사가 아니다.
전제 2. _____
결론 : 어떤 기업은 주식회사가 아니다.

① 모든 학원은 기업이다.
② 모든 학원은 주식회사가 아니다.
③ 모든 기업은 주식회사이다.
④ 모든 기업은 학원이다.

04. ①

정답 풀이 어떤 학원은 주식회사가 아니다. 그런데 만약 해당 선지의 전제처럼, 모든 학원이 기업이라면, 주식회사가 아닌 어떤 학원은 기업이며, 그 기업은 주식회사가 아니므로 해당 선지는 타당하다.

오답 풀이
② 모든 학원은 주식회사가 아니라는 것은 전제 1을 확장한 것에 지나지 않는다. 학원과 기업 사이에 연결이 없다면 그로부터 결론을 이끌어 낼 수는 없다.
③ 모든 기업은 주식회사라면 결론과 모순된다.
④ 모든 기업은 학원이라는 전제를 바탕으로 하더라도, 어떤 기업은 주식회사가 아니라고 단정 지을 수는 없다.

CH 6. 논리를 바라보는 새로운 시선

⟨NEW 시험 예시 문제⟩

05. 다음 글의 밑줄 친 결론을 이끌어내기 위해 추가해야 할 것은? `2025년도 9급 공무원 시험 출제 기조 전환 국어 예시문제`

> 문학을 좋아하는 사람은 모두 자연의 아름다움을 좋아하는 사람이다. 자연의 아름다움을 좋아하는 어떤 사람은 예술을 좋아하는 사람이다. 따라서 <u>예술을 좋아하는 어떤 사람은 문학을 좋아하는 사람이다.</u>

① 자연의 아름다움을 좋아하는 사람은 모두 문학을 좋아하는 사람이다.
② 문학을 좋아하는 어떤 사람은 자연의 아름다움을 좋아하는 사람이다.
③ 예술을 좋아하는 어떤 사람은 자연의 아름다움을 좋아하는 사람이다.
④ 예술을 좋아하지만 문학을 좋아하지 않는 사람은 모두 자연의 아름다움을 좋아하는 사람이다.

05. ①

정답 풀이 예술을 좋아하는 어떤 사람은 자연의 아름다움을 좋아한다. 만약 자연의 아름다움을 좋아하는 사람이 모두 문학을 좋아하는 사람이라면, 예술을 좋아하는 그 어떤 사람은 문학을 좋아할 것이므로 해당 선지는 타당하다.

오답 풀이
② 문학을 좋아하는 어떤 사람은 자연의 아름다움을 좋아하는 사람이라는 것은 문학을 좋아하는 사람은 모두 자연의 아름다움을 좋아하는 사람이라는 것을 축소한 것이다. 이미 전제에 함축해 있는 것이므로 추가해서 결론을 이끌어 낼 수 있는 것으로 볼 수는 없다.
③ 선지의 내용은 (자연 Like and 예술 Like)의 위치를 바꾼 것이며, 이를 추가하여 결론을 이끌어 낼 수 없다.
④ 예술을 좋아하지만 문학을 좋아하지 않는 사람들이 모두 자연의 아름다움을 좋아한다면, 예술을 좋아하는 이들이 자연을 좋아한다는 것일 뿐, 예술과 문학의 관계를 귀결시킬 수는 없다.

⟨NEW대종의 예상 문제⟩

06. ㉠으로부터 ㉡을 도출하는 과정에서 생략된 전제로 가장 적절한 것은?

　　표상적 지식은 다시 여러 가지 기준에 따라 나눌 수 있는데, 그중에서도 '경험적 지식'과 '선험적 지식'으로 나누는 방법이 대표적이다. 경험적 지식이란 감각 경험에서 얻은 증거에 의존하는 지식으로, '그는 이 사과가 둥글다는 것을 안다'가 그 예이다. 물리적 사물들의 특정한 상태, 즉 사과의 둥근 상태가 감각 경험을 통해서 우리에게 입력되고, 인지 과정을 거쳐 하나의 표상적 지식이 이루어진 것이다. ㉠우리는 감각 경험을 통해 직접 만나는 개별적인 대상들로부터 귀납추리를 통해 일반 법칙에 도달할 수 있다. ㉡따라서 자연 세계의 일반 법칙에 대한 지식도 경험적 지식이다.

① 귀납추리는 일반 법칙에 기초해 있다.
② 귀납추리는 자연에 대한 지식을 확장해 준다.
③ 귀납추리는 지식의 경험적 성격을 바꾸지 않는다.
④ 귀납추리의 결론은 전제로부터 필연적으로 도출되지 않는다.

06. ③

정답 풀이 일반 법칙에 도달하려면 귀납추리를 필요로 한다. 만약 귀납추리가 지식의 경험적 성격을 유지한다면, 일반 법칙 또한 경험적 지식일 것이다.

오답 풀이
① 귀납추리는 일반 법칙이 아닌 감각적 경험에 기초한다. ㉠에 따르면 귀납추리를 통해 일반 법칙에 도달하는 것이므로, 적절하지 않다.
② 귀납추리가 자연에 대한 지식을 확장해 준다는 것에서 ㉡이 도출된다면, 자연에 대한 지식이 확장되면 그것은 경험적 지식인 것이라야 한다. 그런데 선지에 그러한 내용이 내재되어 있지 않음은 물론이고 이것이 일반 법칙이 경험적 지식이라는 사실을 뒷받침하진 않는다. 따라서 해당 선지를 ㉠으로부터 ㉡을 도출하는 과정에서 생략된 전제로 보기는 어렵다.
④ 귀납추리의 결론은 전제로부터 필연적으로 도출되지 않는다는 것이 그를 통해 도달할 수 있는 일반 법칙에 대한 지식이 경험적 지식임을 보일 수 있는 것이기 위해서는 결론이 전제로부터 필연적으로 도출되지 않으면 그것은 경험적 지식이라고 할 수 있다는 정보가 추가로 있어야 한다. 그런데 선지에 그러한 내용이 내재되어 있지 않음은 물론이고, 제시된 글 전체를 살핀다고 하더라도 그러한 내용을 확인할 수는 없다. 더불어 해당 선지를 ㉠으로부터 ㉡을 도출하는 과정에서 생략된 전제로 보기에는 매우 무관한 내용이다.

CH. 7

DO IT YOURSELF
<복습과제>

유대종의
새로운 시선

IN:SIGHT

CH 7. DO IT YOURSELF

01. 다음 글에서 추론한 내용으로 적절하지 않은 것은? _{2025년도 9급 공무원 시험 출제 기조 전환 국어 예시문제}

'밤하늘'은 '밤'과 '하늘'이 결합하여 한 단어를 이루고 있는데, 이처럼 어휘 의미를 띤 요소끼리 결합한 단어를 합성어라고 한다. 합성어는 분류 기준에 따라 여러 방식으로 나눌 수 있다. 합성어의 품사에 따라 합성명사, 합성형용사, 합성부사 등으로 나누기도 하고, 합성의 절차가 국어의 정상적인 단어 배열법을 따르는지의 여부에 따라 통사적 합성어와 비통사적 합성어로 나누기도 하고, 구성 요소 간의 의미 관계에 따라 대등합성어와 종속합성어로 나누기도 한다.

합성명사의 예를 보자. '강산'은 명사(강)+명사(산)로, '젊은이'는 용언의 관형사형(젊은)+명사(이)로, '덮밥'은 용언 어간(덮)+명사(밥)로 구성되어 있다. 명사끼리의 결합, 용언의 관형사형과 명사의 결합은 국어 문장 구성에서 흔히 나타나는 단어 배열법으로, 이들을 통사적 합성어라고 한다. 반면 용언 어간과 명사의 결합은 국어 문장 구성에 없는 단어 배열법인데 이런 유형은 비통사적 합성어에 속한다. '강산'은 두 성분 관계가 대등한 관계를 이루는 대등합성어인데, '젊은이'나 '덮밥'은 앞 성분이 뒤 성분을 수식하는 종속합성어이다.

① 아버지의 형을 이르는 '큰아버지'는 종속합성어이다.
② '흰머리'는 용언 어간과 명사가 결합한 합성명사이다.
③ '늙은이'는 어휘 의미를 지닌 두 요소가 결합해 이루어진 단어이다.
④ 동사 '먹다'의 어간인 '먹'과 명사 '거리'가 결합한 '먹거리'는 비통사적 합성어이다.

02. 〈보기〉의 ㉠에 해당하는 예로 적절한 것은?

〈 보 기 〉

합성어는 어근과 어근이 결합하여 형성되는데, 어근들의 결합 방식에 따라 다음과 같이 둘로 나눌 수 있다. 우선 통사적 합성어는 어근들의 결합 방식이 일반적인 문장 구성 방식과 같은 합성어이며, ㉠비통사적 합성어는 어근들의 결합 방식이 일반적인 문장 구성 방식과 다른 합성어이다.

① 아이들이 뛰노는 소리가 밖에서 들렸다.
② 서로 몰라볼 정도로 세월이 많이 흘렀다.
③ 저마다의 타고난 소질을 계발하는 것이 중요하다.
④ 지난달부터 공부를 열심히 했더니 자신감이 생겼다.

03. 다음 글에서 추론한 내용으로 적절하지 <u>않은</u> 것은?

> 접사는 단어를 만드는 다양한 기능을 한다. 용언에 결합하여 명사를 만들기도 하고, 부사에 결합하여 동사를 만들기도 한다. 한편, 주동사에 결합하여 누군가에게 무언가를 하게 만드는 사동사를 만들기도 한다. 물론, 기존의 단어에 붙었음에도 품사를 바꾸거나 구조를 바꾸는 기능 없이 기존의 품사와 동일한 단어를 만들기도 한다.

① '넓이, 믿음, 크기, 지우개'에서는 용언에 결합하여 명사를 만든다.
② '끄덕이다, 출렁대다, 반짝거리다'에서는 부사에 결합하여 동사를 만든다.
③ '부채질, 풋나물, 휘감다, 빼앗기다'에서는 어근과 품사가 동일한 단어를 만든다.
④ '밀치다, 살리다, 입히다, 깨뜨리다'에서는 주동사에 결합하여 사동사를 만든다.

04. 다음의 ㉠과 ㉡을 모두 충족하는 예로 적절한 것은?

> '붙잡다'의 어간 '붙잡-'은 어근 '붙-'과 어근 '잡-'으로 나뉘고, '잡히다'의 어간 '잡히-'는 어근 '잡-'과 접사 '-히-'로 나뉜다. 이렇듯 어떤 말을 둘로 나누었을 때 나누어진 두 요소 각각을 직접 구성 요소라 하는데, 어근과 어근으로 분석되는 말을 합성어라 하고 어근과 접사로 분석되는 말을 파생어라 한다. 그런데 ㉠<u>어간이 3개 이상의 구성 요소로 이루어진 경우</u>가 있다. 이때 ㉡<u>직접 구성 요소가 먼저 어근과 어근으로 분석되면</u> 합성어이고 어근과 접사로 분석되면 파생어이다. 예컨대 '밀어붙이다'는 직접 구성 요소가 먼저 어근과 어근으로 분석되므로 합성어이다.

① 밤새 거센 비바람이 <u>내리쳤다</u>.
② 책임을 남에게 <u>떠넘기면</u> 안 된다.
③ 거리에는 매일 많은 사람이 <u>오간다</u>.
④ 그들은 끊임없이 <u>짓밟혀도</u> 굴하지 않았다.

CH 7. DO IT YOURSELF

05. 다음 글의 ㉠의 사례가 포함되어 있지 않은 것은? 2025년도 9급 공무원 시험 출제 기조 전환 국어 예시문제

> 존경 표현에는 주어 명사구를 직접 존경하는 '직접존경'이 있고, 존경의 대상과 긴밀한 관련을 가지는 인물이나 사물 등을 높이는 ㉠'간접존경'도 있다. 전자의 예로 "할머니는 직접 용돈을 마련하신다."를 들 수 있고, 후자의 예로는 "할머니는 용돈이 없으시다."를 들 수 있다. 전자에서 용돈을 마련하는 행위를 하는 주어는 할머니이므로 '마련한다'가 아닌 '마련하신다'로 존경 표현을 한 것이다. 후자에서는 용돈이 주어이지만 할머니와 긴밀한 관련을 가진 사물이라서 '없다'가 아니라 '없으시다'로 존경 표현을 한 것이다.

① 고모는 자식이 다섯이나 있으시다.
② 할머니는 다리가 아프셔서 병원에 다니신다.
③ 언니는 아버지가 너무 건강을 염려하신다고 말했다.
④ 할아버지는 젊었을 때부터 수염이 많으셨다고 들었다.

06. 다음 글의 밑줄 친 사례가 포함되어 있지 않은 것은?

> 화자는 자신의 의도를 직접적으로 표현하기도 하고, 간접적으로 표현하기도 한다. 예를 들어, 누군가와 밥을 먹으러 가고 싶을 때, "밥 먹으러 가자."처럼 청유형 어미 '-자'를 사용하여 의도를 직접적으로 표현할 수도 있고, "벌써 점심시간이네."처럼 평서형 어미 '-네'를 사용하여 간접적으로 표현할 수도 있다.

① (귀가한 후 누나에게)
   동생: ㉠아, 목마르다.
   누나: 자, 물 여기 있어.
② (추운 교실에서 창가에 앉은 학생에게)
   선생님: ㉡창문이 열렸네.
   학생: 네, 닫을게요.
③ (목적지까지 가는 길을 모를 때)
   행인 A: ㉢구청에 가려면 어느 쪽으로 가야 하나요?
   행인 B: 오른쪽 모퉁이를 돌아가면 돼요.
④ (옷을 빌려 달라는 동생에게)
   언니: ㉣너 나한테 맡겨 둔 옷 있니?
   동생: 알았어. 내 옷 입을게.

07. 다음 글에 비추어 판단할 때, ㉠에 대한 설명으로 적절하지 않은 것은?

> 자연 발생적으로 만들어지는 새말들은 새로운 사물을 표현하기 위한 실제적인 필요에 의해 생겨나는 것과, 언어 표현이 진부해졌을 때 그것을 신선한 맛을 가진 새 표현으로 바꾸려는 대중적 욕구 때문에 생겨나는 것이 있다. 여기에는 고유어, 한자어, 외래어 등이 모두 재료로 쓰인다. 그런데, 요즈음 휴대 전화나 인터넷을 통해 ㉠'반가워(요)', '컴퓨터'를 '방가', '컴'으로 바꿔 쓰는 현상이 급속히 확산되어 우리말을 오염시키고 있다.

① 새로 생겨난 개념이나 사물을 표현하기 위해 지어낸 말이다.
② 기존 표현을 새롭게 바꾸려는 욕구에 따라 만들어진 말이다.
③ 글자 입력 속도를 고려하여 단어의 길이를 줄인 말이다.
④ 어법에 어긋나게 단어의 일부만 써서 만든 말이다.

08. 다음 글의 ⓑ와 같은 사람의 태도로 보기 어려운 것은?

> 빼어난 경관과 아름다운 풍경을 뽐내는 천하의 명소가 어디 한두 군데에 불과하랴? 또한 그 고정된 견해와 평가가 있겠는가? 발걸음을 옮길 때마다 보이는 풍경이 바뀌고, 지경(地境)의 변화에 따라 느낌이 달라진다. 또 같은 장소라 해도 경관이 차이가 나고, 같은 풍경이라도 때에 따라 변모한다. 그럼에도 불구하고 어느 것이 낫고 어느 것이 모자라다며 제각기 자랑하고, 어느 것이 뛰어나고 어느 것이 뒤진다며 제각기 평을 내린다면, 이것은 맛 좋은 술에게 소금처럼 짜지 않고 왜 맛이 좋으냐고 혼내는 격이요, 양고기와 돼지고기에게 채소와 과일처럼 담박한 맛을 내지 않고 왜 그렇게 기름진 맛을 내느냐고 화를 내는 격이다. ⓑ이러한 생각에 사로잡힌 사람은 천하의 이름난 산과 빼어난 승경(勝景)을 모조리 자기가 소유한 뒤에라야 비로소 흡족해 할 것이다. 그러면 작은 볼거리에 구속되어 큰 볼거리를 놓치는 사람이 되지나 않을까?

① 휴양림을 늘 내 곁에 두고 보고 싶으니 집에 작은 정원을 만들어야겠어.
② 주말에 지리산에 갔는데 갈 때마다 모습도 다르고 느낌도 달라서 참 좋았어.
③ 가족 여행 때 다녀온 강릉 경포대의 진면목을 알려면 「관동별곡」을 읽어야 해.
④ 내가 한라산을 가 보고 싶은 이유는 유명한 산악인들이 추천하는 명산이기 때문이야.

CH 7. DO IT YOURSELF

[09~10] 다음 글을 읽고 물음에 답하시오.

2025년도 9급 공무원 시험 출제 기조 전환 국어 예시문제

한국 신화에 보이는 신과 인간의 관계는 다른 나라의 신화와 견주어 볼 때 흥미롭다. 한국 신화에서 신은 인간과의 결합을 통해 결핍을 해소함으로써 완전한 존재가 되고, 인간은 신과의 결합을 통해 혼자 할 수 없었던 존재론적 상승을 이룬다.

한국 건국 신화에서 주인공인 신은 지상에 내려와 왕이 되고자 한다. 천상적 존재가 지상적 존재가 되기를 바라는 것인데, 인간들의 왕이 된 신은 인간 여성과의 결합을 통해 자식을 낳음으로써 결핍을 메운다. 무속신화에서는 인간이었던 주인공이 신과의 결합을 통해 신적 존재로 거듭나게 됨으로써 존재론적으로 상승하게 된다. 이처럼 한국 신화에서 신과 인간은 서로의 존재를 필요로 한다는 점에서 상호 의존적이고 호혜적이다.

다른 나라의 신화들은 신과 인간의 관계가 한국 신화와 달리 위계적이고 종속적이다. 히브리 신화에서 피조물인 인간은 자신을 창조한 유일신에 대해 원초적 부채감을 지니고 있으며, 신이 지상의 모든 일을 관장한다는 점에서 언제나 인간의 우위에 있다. 이러한 양상은 북유럽이나 바빌로니아 등에 퍼져 있는 신체 화생 신화에도 유사하게 나타난다. 신체 화생 신화는 신이 죽음을 맞게 된 후 그 신체가 해체되면서 인간 세계가 만들어지게 된다는 것인데, 신의 희생 덕분에 인간 세계가 만들어질 수 있었다는 점에서 인간은 신에게 철저히 종속되어 있다.

09. 윗글을 이해한 내용으로 적절하지 <u>않은</u> 것은?

① 히브리 신화에서 신과 인간의 관계는 위계적이다.
② 한국 무속신화에서 신은 인간을 위해 지상에 내려와 왕이 된다.
③ 한국 건국 신화에서 신은 인간과의 결합을 통해 완전한 존재가 된다.
④ 한국 신화에 보이는 신과 인간의 관계는 신체 화생 신화에 보이는 신과 인간의 관계와 다르다.

10. 윗글을 통해 추론한 내용으로 가장 적절한 것은?

① 한국 건국 신화는 한국 무속신화와는 달리 신과 인간의 호혜성이 있다.
② 신체 화생 신화는 신의 희생을 기반으로 한다는 점에서 신이 인간에 대해 종속적이다.
③ 한국 신화는 천상적 존재를 전제로 한다는 점에도 불구하고 위계적이지는 않다.
④ 신체 화생 신화는 신의 신체가 해체된 후 신의 죽음을 통해 인간 세계가 만들어진다는 점에서 인간이 신에게 독립적이기 어렵다.

[11] 다음 글을 읽고 물음에 답하시오.

독일 역사학계에서 일상사(日常史) 연구는 사회사(社會史)에 대한 비판으로 등장하였다. 위르겐 코카를 중심으로 한 기존의 사회사 연구는 근대화 이론과 비판 이론을 바탕으로 민족 국가, 산업화, 계급 사회 등 거대 담론을 도입하여 근대 사회의 구조와 과정을 조명하는 데 초점을 맞추었다. 반면에 일상사가들은 근대화가 초래한 희생과 부담에 주목하여 익명의 구조와 과정보다는 살아 숨 쉬는 사람들의 주체성과 경험을 강조하였다.

오늘날 일상사적 역사 이해 및 서술과 관련하여 '종속'의 관점과 '자율'의 관점이라는 두 관점이 있다. 카린 하우젠은 사례 연구를 통해 근대 이래 대중들의 행위가 장기적으로는 점점 더 구조에 종속되고 있다는 사실을 입증하였다. 철저한 조직화와 빈틈없는 통제, 게르만 종족 공동체 이상과 반유대주의의 결합, 그리고 이미지를 통한 대중 동원은 '사생활의 정치화'를 가져왔다는 것이다. 한편, 크리스토퍼 브라우닝은 세계대전에서 군인들이 '몰살 정책'을 언제나 충실히 따른 것도 아니었으며, 자발적 밀고, 폭력에 대한 방관, 과잉 학살 등이 존재하였다고 한다. 폭압 체계에서 대중들의 일탈적 행위, 정치에 대한 무관심, 사적 영역에의 몰입, 노골적 불복종 등과 같은 다양한 형태의 저항 행위들 또한 발견되었다. 데틀레프 포이케르트는 이러한 현상들을 '정치의 사생활화'로 명명하였다.

11. 윗글을 이해한 내용으로 가장 적절한 것은?

① 카린 하우젠은 근대 사회의 구조를 조명하고자 노력하였다.
② 과잉 학살과 사적 영역에의 몰입은 각각 종속의 관점과 자율의 관점으로 설명된다.
③ 크리스토퍼 브라우닝은 합리적인 세부 지침에 따르지 않는 나치군의 행동을 '사생활의 정치화'라고 볼 것이다.
④ '몰살 정책'의 지침을 충실히 따르지 않은 것은 탈종속적인 자율의 측면에서 볼 수 있다.

CH 7. DO IT YOURSELF

[12] 다음 글을 읽고 물음에 답하시오.

조선 후기 역사학에서 정통론이 처음으로 등장한 것은 홍여하의 『동국통감제강』에서였다. 이는 17세기 명·청 교체로 인하여 중국 대륙에서 중화가 공석이 되었다는 의식과 관련이 있다. 이러한 의식은 조선이 이제 소중화로서 중화를 대신한다는 각성에서 비롯한 것이었다. 이러한 소중화 의식은 효종 대의 북벌론을 지지하면서 점차 조선 사회에서 보편화되었다. 노론 계통 사상가들도 중화와 오랑캐의 구분은 지리 경계나 종족에 있지 않다고 보면서, '오늘날에는 우리가 중화'라고 주장했던 것이다.

이처럼 주자에 의해 확립되고 조선 왕조에서도 그동안 굳게 신봉되었던 화이관, 즉 중국에서만 그리고 중국족에 의해서만 중화가 성립될 수 있다는 전통적인 화이관은 크게 변질되었다. 나아가 중국 밖에서도, 비중국족에 의해서도 화가 성립될 수 있다는 인식은 문화 중심 화이론의 성립으로 이어졌다. 이익은 바로 그와 같은 역사 인식을 계승하면서 더욱 논리적으로 심화시켰다. 문화 중심 화이론이 예악을 기준으로 하되 조선만을 소중화로 보았던 데 반해, 이익은 예악이 요·금·원 등 만리장성 바깥에서도 성립되어 있었던 것으로 이해했다. 다시 말해 이익은 중국족의 습속까지 예악에 포함시켰던 노론 계열의 소화 의식과는 달리, 예악을 유교적인 것으로 국한시킴으로써 소중화 의식을 내용 면에서 본질적으로 수정했던 것이다. 이로 인해, 이익은 북벌론자들이나 노론 계열의 그것과 달리, 독립된 역사적 세계로서의 조선 인식에 기초하여 기존의 인식에서 조선의 독자성에 대한 인식에까지 나아갈 수 있었다. 이것이 바로 이익의 삼한정통론이다.

12. 윗글을 이해한 내용으로 가장 적절한 것은?

① 노론 계통 사상가는 중국 지역이 아니라면 '화'가 성립될 수 없다고 보았다.
② '문화 중심 화이론'을 주장하는 이들은 화이의 구분이 지리 경계나 종족에 있다고 보았다.
③ 노론 계열의 소중화 의식에서 예악은 유교적인 것으로 국한되었다.
④ 이익은 중국족의 습속을 예악에서 배제함으로써 조선의 독자성에 대한 인식으로 나아갔다.

13. 다음 글의 ㉠~㉢에 들어갈 말을 적절하게 나열한 것은? 2025년도 9급 공무원 시험 출제 기조 전환 국어 예시문제

　소설과 현실의 관계를 온당하게 살피기 위해서는 세계의 현실성, 문제의 현실성, 해결의 현실성을 구별해야 한다. 우리가 살고 있는 이 입체적인 시공간에서 특히 의미 있는 한 부분을 도려내어 서사의 무대로 삼을 경우 세계의 현실성이 확보된다. 그 세계 안의 인간이 자신을 둘러싼 세계와 고투하면서 당대의 공론장에서 기꺼이 논의해볼 만한 의제를 산출해낼 때 문제의 현실성이 확보된다. 한 사회가 완강하게 구조화하고 있는 '가능한 것'과 '불가능한 것'의 좌표를 흔들면서 특정한 선택지를 제출할 때 해결의 현실성이 확보된다.
　최인훈의 「광장」은 밀실과 광장 사이에서 고뇌하는 주인공의 모습을 통해 '남(南)이냐 북(北)이냐'라는 민감한 주제를 격화된 이념 대립의 공론장에 던짐으로써 ㉠ 을 확보하였다. 작품의 시공간으로 당시 남한과 북한을 소설적 세계로 선택함으로써 동서 냉전 시대의 보편성과 한반도 분단 체제의 특수성을 동시에 포괄할 수 있는 ㉡ 도 확보하였다. 「광장」에서 주인공이 남과 북 모두를 거부하고 자살을 선택하는 결말은 남북으로 상징되는 당대의 이원화된 이데올로기를 근저에서 흔들었다. 이로써 ㉢ 을 확보할 수 있었다.

	㉠	㉡	㉢
①	문제의 현실성	세계의 현실성	해결의 현실성
②	문제의 현실성	해결의 현실성	세계의 현실성
③	세계의 현실성	문제의 현실성	해결의 현실성
④	세계의 현실성	해결의 현실성	문제의 현실성

14. 다음 글의 밑줄 친 부분을 바탕으로 윗글을 이해하고자 할 때, 필요한 활동으로 가장 적절한 것은?

　작품에 반영된 사회적·문화적 상황을 문학 작품 창작 당시와 연관시켜 해석할 때 드러나는 의미를 상황의 구체적 의미라 한다. 이것은 그 작품을 낳게 한 계기이기도 하며, 또 그 작품을 창작할 당시의 핵심적인 고민과 과제이기도 하다. 한편, 구체적 상황의 의미로부터 특정한 시대와 장소를 넘어 공유할 수 있는 의미를 발견할 수 있는데, 이를 사회적·문화적 상황의 보편적 의미라 한다. 몇백 년 전의 작품의 가치를 오늘의 우리가 발견할 수 있는 것도 이러한 보편적 의미가 바탕이 되기 때문이다. 최인훈의 「광장」에 등장하는 주인공 이명준이 살아갔던 삶은 시대와 무관하게 우리에게 잔잔한 감동을 줄 수 있다.

① 이명준이 은혜와 함께 있던 동굴이 우리 신화에서는 어떤 의미를 갖고 있는지 알아본다.
② 이명준의 삶과 사랑이 시대를 초월하여 오늘날의 독자들에게 어떤 교훈을 주고 있는지 살펴본다.
③ 이명준의 성격과 행동을 분석하고 종합한 후, 그것을 중심으로 이명준의 일대기를 작성해 본다.
④ 이명준이 겪은 사건을 작품이 창작된 시대의 상황 및 그 시기에 작가가 지녔던 가치관과 연결하여 그 의미를 알아본다.

CH 7. DO IT YOURSELF

15. 다음 글의 ㉠~㉢에 들어갈 말을 적절하게 나열한 것은?

　'믿을 수 없는 서술'이란 서술자의 스토리 제시와 논평에 대해 독자가 의혹을 갖게 되는 서술을 말한다. 이러한 비신빙성을 형성해 가는 여러 요인들은 다음과 같이 유형화될 수 있다. 첫째로 서술자의 지식 수준이 사회적·도덕적 상식에 미치지 못하여 대상에 대한 통찰력이 미숙한 경우가 있다. 둘째로 서술자가 다른 인물과 맺은 개인적 연루 관계가 서술자의 이성적인 판단을 흐리게 하여 편견에 사로잡힌 서술을 낳는 경우가 있다. 셋째로 서술자가 문제적인 가치규범에 윤색되어 있어 작품이 전달하려는 주제의식과 대립을 형성하는 경우가 있다. 넷째로 당대 현실의 리얼리티에 대해 독특한 관점을 제시하는 특이한 개성을 소유한 서술자가 등장하는 경우가 있다.

　일제 강점기의 한국소설은 다양한 방식을 통해 '믿을 수 없는 서술'을 시도하며 1인칭 시점의 미학을 확장시켰다. 김동인의 「발가락이 닮았다」는 생식 능력에 결함이 있던 총각 M이 결혼 후 아내의 임신에 고민하는 모습을 ㄱ의 친구이자 의사인 '나'의 시선에서 그려 내는 작품으로, 서술자의 친분에서 비롯된 선입견이 작동하는 이 작품은 (㉠)에 의한 비신빙성의 형성을 보여 준다. 염상섭의 「제야」는 현대적 윤리에 따라 살고자 하는 신여성이 구시대의 성관념에 저항하는 모습을 전달하는 작품으로, 봉건적 가치관에 사로잡힌 독자에게 새로운 시야를 제공하는 이 작품은 (㉡)에 의한 비신빙성의 형성을 보여 준다. 채만식의 「치숙」은 식민지 상황을 긍정하고 기꺼이 일본에 동화하려는 서술자의 사상을 의기양양하게 드러내는 작품으로, 독자의 비판의식을 맹렬하게 이끌어 내는 이 작품은 (㉢)에 의한 비신빙성의 형성을 보여 준다.

	㉠	㉡	㉢
①	지식 수준	문제적인 가치규범	특이한 개성
②	지식 수준	특이한 개성	문제적인 가치규범
③	개인적 연루 관계	문제적인 가치규범	특이한 개성
④	개인적 연루 관계	특이한 개성	문제적인 가치규범

16. 다음 글을 이해한 내용으로 가장 적절한 것은?

2025년도 9급 공무원 시험 출제 기조 전환 국어 예시문제

이육사의 시에는 시인의 길과 투사의 길을 동시에 걸었던 작가의 면모가 고스란히 담겨 있다. 가령, 「절정」은 크게 두 부분으로 나누어지는데, 투사가 처한 냉엄한 현실적 조건이 3개의 연에 걸쳐 먼저 제시된 후, 시인이 품고 있는 인간과 역사에 대한 희망이 마지막 연에 제시된다.

우선, 투사 이육사가 처한 상황은 대단히 위태로워 보인다. 그는 "매운 계절의 채찍에 갈겨 / 마침내 북방으로 휩쓸려" 왔고, "서릿발 칼날진 그 위에 서" 바라본 세상은 "하늘도 그만 지쳐 끝난 고원"이어서 가냘픈 희망을 품는 것조차 불가능해 보인다. 이러한 상황은 "한발 제겨디딜 곳조차 없다"는 데에 이르러 극한에 도달하게 된다. 여기서 그는 더 이상 피할 수 없는 존재의 위기를 깨닫게 되는데, 이때 시인 이육사가 나서면서 시는 반전의 계기를 마련한다.

마지막 4연에서 시인은 3연까지 치달아 온 극한의 위기를 담담히 대면한 채, "이러매 눈감아 생각해" 보면서 현실을 새롭게 규정한다. 여기서 눈을 감는 행위는 외면이나 도피가 아니라 피할 수 없는 현실적 조건을 새롭게 반성함으로써 현실의 진정한 면모와 마주하려는 적극적인 행위로 읽힌다. 이는 다음 행, "겨울은 강철로 된 무지갠가보다"라는 시구로 이어지면서 현실에 대한 새로운 성찰로 마무리된다. 이 마지막 구절은 인간과 역사에 대한 희망을 놓지 않으려는 시인의 안간힘으로 보인다.

① 「절정」에는 투사가 처한 극한의 상황이 뚜렷한 계절의 변화로 드러난다.
② 「절정」에서 시인은 투사가 처한 현실적 조건을 외면하지 않고 새롭게 인식한다.
③ 「절정」은 시의 구성이 두 부분으로 나누어지면서 투사와 시인이 반목과 화해를 거듭한다.
④ 「절정」에는 냉엄한 현실에 절망하는 시인의 면모와 인간과 역사에 대한 희망을 놓지 않으려는 투사의 면모가 동시에 담겨 있다.

CH 7. DO IT YOURSELF

17. 다음 글을 이해한 내용으로 적절하지 <u>않은</u> 것은?

　윤동주의 시에는 두 윤동주의 자아가 존재한다. 그의 시에서 첫 번째 자아는 소극적 자아이다. 즉, 적극적으로 일본의 식민 지배에 제대로 저항하지 못하는 부끄러운 현실적 자아가 존재하는 것이다. 한편 두 번째 자아는 적극적 자아인데 이러한 자아는 세상과의 대결 의지를 갖는 저항적 자아이다. 윤동주의 시에서 이 두 자아는 서로 간의 화해가 없는 상태로 끝나기도 하고, 서로 간의 화해를 도모하기도 한다. 육체적이고 현실적인 자아는 버려야 할 것으로 비추어지는 것이며, 정신적인 자아는 오롯이 남아야 한다는 것이 전자라면, 연민을 바탕으로 주관 사이의 진정한 화해를 도모하는 것이 후자이다.

　윤동주의 「쉽게 씌어진 시」는 자아 간 분열을 다루고 있다. 이 시의 화자는 살기 어려운 현실로 가상되는, 밤비가 속살거려야 자신이 거주한 곳이 남의 나라임을 확인하고 있다. 밤비는 부정적 시공간이자 성찰의 시공간적 배경이 된다. 이렇게 이 시의 화자는 1연부터 6연까지 남들은 살기 어렵다는데 홀로 침전하는 듯한 상실감을 느끼며 절망한다. 그러나, 8연에서는 1연의 내용이 반복, 변주되는데 그 순서가 다르며, 그 의미도 다르다. '육첩방은 남의 나라'라는 시대 인식이 먼저인 것은 그의 정신적이고 적극적인 자아가 발현된 것이고 이는 시의 마지막까지 유지된다. 가령, 그는 등불을 밝혀 조금이라도 어둠을 밖으로 몰고 시대처럼 올 아침을 기다린다. 그런데 단순히 그것에 그치지 않고 마지막 10연에서 적극적 자아가 소극적 자아에게 눈물과 위안으로 악수를 하는데, 이 구절은 윤동주의 마지막 선택지와도 같은 결말이다.

① 「쉽게 씌어진 시」에서는 작품의 시공간적 배경이 설정되어 있으며 상징성을 지닌다.
② 「쉽게 씌어진 시」의 초반부에는 부끄러운 현실 자아가 자신의 정서를 드러내고 있다.
③ 「쉽게 씌어진 시」의 후반부에는 연민을 바탕으로 주관 사이의 진정한 화해를 도모하고 있다.
④ 「쉽게 씌어진 시」의 마지막 연에는 화자의 저항 정신이 희석되어 정신적 자아가 더욱 오롯해진다.

18. 다음 글을 이해한 내용으로 가장 적절한 것은?

김소월은 1920년대 초반 서구시에 경도된 당대 시인들과는 달리, 전통적인 문화와 삶의 체험에 바탕을 두어 독자적인 시 세계를 이루었다. 이 가운데 그의 「접동새」는 당시 평안도 지방에 전해 내려오던 '접동새 설화'를 수용하여 재창조하는 작품이다. 접동새 설화는 평안도 진두강가에 살았던 오누이의 슬픈 이야기로, 출가를 앞두고 계모에게 억울하게 죽은 큰누나의 원혼이 접동새가 되어 남은 아홉 동생들을 못 잊고 밤마다 구슬피 운다는 내용이다. 「접동새」는 이러한 설화를 이끌어 와 당시에 나라를 잃고 슬픔에 빠진 우리 민족의 심정을 절실한 가락으로 노래하고 있다.

특히 이 작품의 성취는 설화의 단순한 차용이나 반복에 그치지 않는 현대시적 변용과 재창조에서 찾을 수 있다. 접동새 울음을 묘사하는 1연에서 '아홉 오래비'를 변형시킨 "아우래비"는 접동새 울음의 생생한 청각적 이미지를 의미와의 연관 속에서 제시하는 독창적인 시어라 할 수 있다. 또한 2~3연은 설화 구연자의 담담한 어조를 빌려 설화의 내용을 압축적으로 제시하다가, 4연에 이르면 '오랩동생'과 겹쳐진 목소리로 발화하며 '누나'의 비극적인 죽음에 대한 서러운 감정을 폭발시키고 있다. 이러한 변용과 재창조는 우리 민족이 공유하던 구비 문학을 기반으로 하여 민족적 동일성의 감각을 일깨우는 동시에, 민중들의 집단적인 감수성에 기대어 시적 주체의 감정을 보편적인 정서로 일반화시키는 효과가 있다.

① 「접동새」는 출가를 앞둔 큰누나가 계모에게 억울하게 죽임을 당한 시인의 체험에 바탕을 두고 있다.
② 「접동새」는 동생의 비극적인 죽음에 대한 누이의 서러운 감정을 접동새의 울음소리로 표현한다.
③ 「접동새」는 우리 민족의 구비 문학과 관련된 표현을 접동새 울음으로 재창조한 독창적인 시어를 활용한다.
④ 「접동새」는 나라를 잃고 슬픔에 빠졌던 평안도 오누이의 심정을 노래하여 시적 주체의 감정을 민중으로 확대한다.

CH 7. DO IT YOURSELF

19. 다음 글에서 추론한 내용으로 가장 적절한 것은? <small>2025년도 9급 공무원 시험 출제 기조 전환 국어 예시문제</small>

'크로노토프'는 그리스어로 시간과 공간을 뜻하는 두 단어를 결합한 것으로, 시공간을 통합적으로 이해하기 위한 개념이다. 크로노토프의 관점에서 보면 고소설과 근대소설의 차이를 명확하게 파악할 수 있다.

고소설에는 돌아가야 할 곳으로서의 원점이 존재한다. 그것은 영웅소설에서라면 중세의 인륜이 원형대로 보존된 세계이고, 가정소설에서라면 가장을 중심으로 가족 구성원들이 평화롭게 공존하는 가정이다. 고소설에서 주인공은 적대자에 의해 원점에서 분리되어 고난을 겪는다. 그들의 목표는 상실한 원점을 회복하는 것, 즉 그곳에서 향유했던 이상적 상태로 돌아가는 것이다. 주인공과 적대자 사이의 갈등이 전개되는 시간을 서사적 현재라 한다면, 주인공이 도달해야 할 종결점은 새로운 미래가 아니라 다시 도래할 과거로서의 미래이다. 이러한 시공간의 배열을 '회귀의 크로노토프'라고 한다.

근대소설「무정」은 회귀의 크로노토프를 부정한다. 이것은 주인공인 이형식과 박영채의 시간 경험을 통해 확인된다. 형식은 고아지만 이상적인 고향의 기억을 갖고 있다. 그것은 박 진사의 집에서 영채와 함께하던 때의 기억이다. 이는 영채도 마찬가지기에, 그들에게 박 진사의 집으로 표상되는 유년의 과거는 이상적 원점의 구실을 한다. 박 진사의 죽음은 그들에게 고향의 상실을 상징한다. 두 사람의 결합이 이상적 상태의 고향을 회복할 수 있는 유일한 방법이겠지만, 그들은 끝내 결합하지 못한다. 형식은 새 시대의 새 인물이 되어야 한다고 생각하며 과거로의 복귀를 거부한다.

① 「무정」과 고소설은 회귀의 크로노토프를 부정한다는 점에서 공통적이다.
② 영웅소설의 주인공과 「무정」의 이형식은 그들의 이상적 원점을 상실했다는 공통점을 가지고 있다.
③ 「무정」에서 이형식이 박영채와 결합했다면 새로운 미래로서의 종결점에 도달할 수 있었을 것이다.
④ 가정소설은 가족 구성원들이 평화롭게 공존하는 결말을 통해 상실했던 원점으로의 복귀를 거부한다.

20. 다음 글에서 추론한 내용으로 가장 적절한 것은?

일제 식민지 시대의 문학은 작가의 태도에 따라 두 가지 양태로 이야기할 수 있다. 즉, 그 시기 동안 국가에 변절한 문학인의 작품 혹은 변절하지 않은 문학인의 작품이 바로 그것이다. 그런데 이것은 그 작품의 주인공들을 통해 다소간 설명이 가능하다. 우선 그들의 문학 장치에 나오는 주인공들은 세계와의 불화 속에서 문제를 해결하고자 하는 존재이므로 이들에 대한 탐구는 곧 작가에 대한 이해와 직결된다.

이광수의 「무정」에 등장하는 이형식과 염상섭의 「만세전」에 등장하는 이인화는 모두, 식민지 시대의 자아를 인식하며 그들에게 불친절한 세계 역시 인식한다. 이들의 근대적 자아는 자아의 절대적 권위를 내세우고 그것을 통해 삶의 최고의 원리를 실현하는 낭만적 자아에 가깝다. 그러나 이형식은 결국 식민지 조선이 근대화로 나아가기 위하여 과거의 민족적 유산을 모두 부정하는데, 전통적 민족으로 상징되는 아버지가 없는 고아였다는 점, 그를 과거에 돌본 박진사의 딸 영채보다는 김 장로의 딸 선형을 선택한 점을 미루어 볼 때 일본을 모사하고 본받으려는 노력만 있었을 뿐 조선의 식민지 현실을 폭로하고 일본의 근대화가 결국 조국을 착취하려는 의도였음을 망각했다. 그러므로 이광수의 '민족을 위한 친일'에서 실제 '민족'은 없었던 것이며, 압도적 권위의 자아는 있을지언정 과거의 자아는 없다.

이와는 달리 이인화는 자아의 해방뿐만 아니라 일제의 근대화가 실제로는 식민지 조선을 착취하려는 목적이 있다는 점을 정확하게 간파하고 있다. 타인의 연대를 통해서 자신을 확인하려 했던 이형식과는 달리, 이인화는 줄곧 현실과의 냉정한 거리감을 확보하면서 그 현실을 폭로한다. 즉, 자아의 절대적 해방을 추구하면서도 현실폭로의 비애라는 현실적 자각을 통해 리얼리즘으로 나아가는 출구를 확보하게 되는 것이다. 이인화는 근대화의 모습 중 하나인 공동묘지 방식과 근대화의 상징인 신식 의복을 긍정적으로 인식한다. 그러면서도 검열, 착취, 수탈하는 일본인의 모습을, 식민지 조선인을 요보라고 칭하며 괄시하고 인신매매를 일삼는 일본인의 모습을 애써 외면하지 않고 이러한 억압과 착취를 직시하는 식민지 조선을 살아가는 이인화가 존재한다. 염상섭의 문학은 이러한 점에서 이광수의 문학과 궤를 달리한다는 평가가 가능한 것이다.

① 이형식은 이인화와는 달리 자신이 직면한 세계와의 불화가 있었을 것이다.
② 이광수는 식민지 현실과의 냉정한 거리감을 확보하며 타인과의 연대를 추구했을 것이다.
③ 이광수와 염상섭은 근대화의 필요성 자체를 부인하지는 않았을 것이다.
④ 이형식이 김선형을 선택한 것은 일본인들의 착취와 억압을 드러내기 위한 이광수의 의도에서 비롯된다.

CH 7. DO IT YOURSELF

21. 다음 글을 이해한 내용으로 가장 적절한 것은?

르네 지라르는 인간의 욕망이란 타자가 이미 욕망한 대상을 주체도 향유하려는 바람에서 비롯되는 것으로, 자발적이고 주체적으로 발생하는 것이 아니라 타인의 욕망을 모방한 것일 뿐이라고 주장한다. 그에 따르면 욕망은 주체와 대상 사이에 존재하는 타자에 의해 중개되거나 타자에게 중개하는 것이므로 이때의 이들을 욕망의 중개자라고 한다.

한국의 고전시가에서는 당시 공동체에서 공유되었던 욕망의 전형들을 확인할 수 있다. 사대부가 주된 향유층이었던 사대부 가사에는 송순의 「면앙정가」와 같이 자연을 벗 삼아 즐거움을 누리는 작품이 있는가 하면, 허전의 「고공가」와 같이 유교적 실천 윤리를 규범적으로 제시하여 유교 이념의 유지와 강화를 시도했던 작품이 있다. 지라르에 따르면 주체와 중개자의 관계에 의해 모방된 욕망은 중개자에 대한 주체의 경쟁심에서 비롯된 것이며, 이러한 경쟁심이 과열될수록 주체와 중개자 사이의 차이가 소멸되며 개인의 정체성이 약화된다고 설명한다. 한국의 사대부 가사가 한정된 주제를 중심으로 창작된 것은 중개자의 욕망을 모방한 주체도 다른 주체에게 욕망을 중개하며 공동체의 동질성을 강화시킨 모습을 보여 준다.

반면 기형도의 「질투는 나의 힘」은 화자가 추구했던 수많은 욕망들이 허영심에서 비롯되었다는 사실에 대한 성찰을 보여 주는 작품이다. 화자는 자신의 허영심으로 인해 내면에 세워진 수많은 공장들을 보게 된다. 이에 그는 자신의 희망의 내용이 질투뿐이었다는 사실을 인식하고 탄식한다. 한평생 미친 듯이 사랑을 찾아 헤매었던 그가 정작 단 한 번도 스스로를 사랑하지 않았다는 깨달음을 얻은 것이다. 이는 욕망을 주체적으로 설정하며 살아오지 못했던 화자가 그로 인한 폐해를 자각하게 되는 과정을 통해 개인의 정체성이 강화되는 모습을 보인다.

① 「질투는 나의 힘」은 욕망을 주체적으로 설정하지 못하는 삶의 태도가 무분별한 산업화로 이어졌음을 성찰한다.
② 「질투는 나의 힘」은 화자의 욕망을 다른 주체가 모방하는 과정에서 생겨난 폐해를 자각하는 과정을 보여 준다.
③ 「면앙정가」와 「고공가」가 개인의 정체성이 약화된 삶의 모습을 드러낸다면, 「질투는 나의 힘」은 개인의 정체성을 항상 지켜 왔던 삶의 모습을 드러낸다.
④ 「면앙정가」는 자연을 벗 삼아 누리는 즐거움을, 「고공가」는 유교적 이념의 실천이라는 욕망을 다른 주체에게 중개하는 역할을 수행했을 것이다.

[22] 다음 글을 읽고 물음에 답하시오.

2025년도 9급 공무원 시험 출제 기조 전환 국어 예시문제

영국의 유명한 원형 석조물인 스톤헨지는 기원전 3,000년경 신석기시대에 세워졌다. 1960년대에 천문학자 호일이 스톤헨지가 일종의 연산장치라는 주장을 하였고, 이후 엔지니어인 톰은 태양과 달을 관찰하기 위한 정교한 기구라고 확신했다. 천문학자 호킨스는 스톤헨지의 모양이 태양과 달의 배열을 나타낸 것이라는 의견을 제시해 관심을 모았다.

그러나 고고학자 앳킨슨은 그들의 생각을 비난했다. 앳킨슨은 스톤헨지를 세운 사람들을 '야만인'으로 묘사하면서, 이들은 호킨스의 주장과 달리 과학적 사고를 할 줄 모른다고 주장했다. 이에 호킨스를 옹호하는 학자들이 진화적 관점에서 앳킨슨을 비판하였다. 이들은 신석기시대보다 훨씬 이전인 4만 년 전의 사람들도 신체적으로 우리와 동일했으며 지능 또한 우리보다 열등했다고 볼 근거가 없다고 주장했다.

하지만 스톤헨지의 건설자들이 포괄적인 의미에서 현대인과 같은 지능을 가졌다고 해도 과학적 사고와 기술적 지식을 가지지는 못했다. 그들에게는 우리처럼 2,500년에 걸쳐 수학과 천문학의 지식이 보존되고 세대를 거쳐 전승되어 쌓인 방대하고 정교한 문자 기록이 없었다. 선사시대의 생각과 행동이 우리와 똑같은 식으로 전개되지 않았으리라는 점은 매우 중요하다. 지적 능력을 갖췄다고 해서 누구나 우리와 같은 동기와 관심, 개념적 틀을 가졌으리라고 생각하는 것은 잘못이다.

22. 윗글에 대해 평가한 내용으로 가장 적절한 것은?

① 스톤헨지가 제사를 지내는 장소였다는 후대 기록이 발견되면 호킨스의 주장은 강화될 것이다.
② 스톤헨지 건설 당시의 사람들이 숫자를 사용하였다는 증거가 발견되면 호일의 주장은 약화될 것이다.
③ 스톤헨지의 유적지에서 수학과 과학에 관련된 신석기시대 기록물이 발견되면 글쓴이의 주장은 강화될 것이다.
④ 기원전 3,000년경 인류에게 천문학 지식이 있었다는 증거가 발견되면 앳킨슨의 주장은 약화될 것이다.

CH 7. DO IT YOURSELF

[23] 다음 글을 읽고 물음에 답하시오.

2019 PSAT 민경채

당신은 '행복 기계'에 들어갈 것인지 망설이고 있다. 만일 들어간다면 그 순간 당신은 기계에 들어왔다는 것을 완전히 잊게 되고, 이 기계를 만나기 전에는 맛보기 힘든 멋진 시간을 가상현실 기술을 통해 경험하게 된다. 단, 누구든 한 번 그 기계에 들어가면 삶을 마칠 때까지 거기서 나올 수 없다. 이 기계에는 고장도 오작동도 없다. 당신은 이 기계에 들어가겠는가? 우리의 삶은 고난과 좌절로 가득 차 있지만, 우리는 그것들이 실제로 사라지기를 원하지 그저 사라졌다고 믿기를 원하지 않는다. 이러한 사실은, 참인 믿음이 우리에게 아무런 이익이 되지 않거나 심지어 손해를 가져오는 경우에도 우리가 거짓인 믿음보다 참인 믿음을 가지기를 선호한다는 견해를 뒷받침한다.

돈의 가치는 숫자가 적힌 종이 자체에 있지 않다. 돈이 가치를 지니는 것은 그것이 좋은 것들을 얻는 도구로 기능하기 때문이다. 참인 믿음을 가지는 것이 유용한 경우가 많은 것은 사실이지만, 다른 것들을 얻기 위한 수단인 돈과 달리 참인 믿음은 그 자체로 가치가 있다. 그리고 행복 기계에 관한 우리의 태도는 이를 분명하게 보여 준다.

다른 것에 대한 선호로는 설명될 수 없는 원초적인 선호를 '기초 선호'라고 부른다. 가령 신체의 고통을 피하려는 것은 기초 선호로 보인다. 참인 믿음은 어떤가? 만약 참인 믿음이 기초 선호의 대상이 아니라면, 참인 믿음과 거짓인 믿음이 실용적 손익에서 동등할 경우 전자를 후자보다 더 선호해야 할 이유는 없다. 여기서 확인하게 되는 결론은, 참인 믿음이 기초 선호의 대상이라는 것이다. 그렇지 않다면, 사람들이 행복 기계에 들어가 행복한 거짓 믿음 속에 사는 편을 택하지 않을 이유가 없을 것이다.

23. 윗글에 대한 평가로 적절하지 <u>않은</u> 것은?

① 대부분의 사람이 행복 기계에 들어가는 편을 택할 경우, 논지는 강화된다.
② 행복 기계가 현실에 존재하지 않는다는 사실이 논지를 약화하지는 않는다.
③ 행복 기계에 들어가지 않는 유일한 이유가 참과 무관한 실용적 이익임이 확인될 경우, 논지는 약화된다.
④ 실용적 이익이 없음에도 불구하고 우리가 수학적 참인 정리를 믿는 것을 선호한다는 사실은 논지를 강화한다.

[24] 다음 글을 읽고 물음에 답하시오.

2021 PSAT 언어논리

우리나라에서 주먹도끼가 처음 발견된 곳은 경기도 연천이다. 첫 발견 이후 대대적인 발굴조사를 통해 연천의 전곡리 유적이 세상에 그 존재를 드러내게 되었고 그렇게 발견된 주먹도끼는 단숨에 세계 학자들의 주목 대상이 되었다. 그동안 동아시아에서는 찍개만 발견되었을 뿐 전기 구석기의 대표적인 석기인 주먹도끼는 발견되지 않았기 때문이었다.

찍개는 초기 인류부터 사용했으며 세계 곳곳에서 발견되었다. 반면 프랑스의 아슐에서 처음 발견된 주먹도끼는 양쪽 면을 갈아 만든 거의 완벽에 가까운 좌우대칭 형태의 타원형 도구이다. 사냥감의 가죽을 벗겨 내고, 구멍을 뚫고, 빻거나 자르는 등 다양한 작업에 사용된 다용도 도구였다. 학계가 주먹도끼에 주목했던 것은 그것이 찍개에 비해 복잡한 가공작업을 거쳐 만든 것이므로 인류의 진화 과정을 풀 열쇠라고 보았기 때문이다. 주먹도끼를 만들기 위해서는 만들 대상을 결정하고 그에 따른 모양을 설계한 뒤, 적합한 재료를 선택해 제작하는 복잡한 과정을 거쳐야 했다. 이는 구석기인들의 지적 수준이 계획과 실행이 가능한 수준으로 도약했다는 것을 확인해 주는 부분이다. 아동 심리발달 단계에 따르면 12세 정도가 되면 형식적 조작기에 도달하게 되는데, 주먹도끼처럼 3차원적이며 대칭적인 물건을 만들 수 있으려면 이런 형식적 조작기 수준의 인지 능력, 즉 추상적 개념에 대하여 논리적·체계적·연역적으로 사고할 수 있을 정도의 인지 능력을 갖추어야 한다. 더 나아가 형식적 조작 능력을 갖추었을 때 비로소 언어적 지능이 발달하게 된다. 즉 주먹도끼를 제작할 수 있다는 것은 추상적 사고를 할 수 있으며 그런 추상적 개념을 언어로 표현하고 대화할 수 있다는 것을 의미한다.

전곡리에서 주먹도끼가 발견되었을 당시 학계는 ㉠모비우스 학설이 지배하고 있었다. 이 학설은 주먹도끼가 발견되지 않은 인도 동부를 기준으로 모비우스 라인이라는 가상선을 긋고, 그 서쪽 지역인 유럽이나 아프리카는 주먹도끼 문화권으로, 그 동쪽인 동아시아는 찍개 문화권으로 구분하였다. 더불어 모비우스 라인 동쪽 지역은 서쪽 지역보다 인류의 지적·문화적 발전 속도가 뒤떨어졌다고 하였다.

24. 윗글의 ㉠에 대한 평가로 가장 적절한 것은?

① 주먹도끼를 만들어 사용한 인류가 찍개를 만들어 사용한 인류보다 두개골이 더 컸다는 것이 밝혀진다면 ㉠이 강화된다.
② 형식적 조작기 수준의 인지 능력을 가진 인류가 구석기 시대에 동아시아에서 유럽으로 이동했다는 것이 밝혀진다면 ㉠이 강화된다.
③ 계획과 실행을 할 수 있는 지적 수준의 인류가 거주했던 증거가 동아시아 전기 구석기 유적에서 발견되고 추상적 개념을 언어로 표현하며 소통했던 증거가 유럽의 전기 구석기 유적에서 발견된다면 ㉠이 강화된다.
④ 학술 연구를 통해 전곡리 유적이 전기 구석기 시대의 유적으로 확증된다면 ㉠이 약화된다.

CH 7. DO IT YOURSELF

25. 다음 진술이 모두 참일 때 반드시 참인 것은?

2025년도 9급 공무원 시험 출제 기조 전환 국어 예시문제

○ 오 주무관이 회의에 참석하면, 박 주무관도 참석한다.
○ 박 주무관이 회의에 참석하면, 홍 주무관도 참석한다.
○ 홍 주무관이 회의에 참석하지 않으면, 공 주무관도 참석하지 않는다.

① 공 주무관이 회의에 참석하면, 박 주무관도 참석한다.
② 오 주무관이 회의에 참석하면, 홍 주무관은 참석하지 않는다.
③ 박 주무관이 회의에 참석하지 않으면, 공 주무관은 참석한다.
④ 홍 주무관이 회의에 참석하지 않으면, 오 주무관도 참석하지 않는다.

26. 다음 글의 내용이 참일 때, 갑이 반드시 수강해야 할 과목은?

갑은 A~E 과목에 대해 수강신청을 준비하고 있다. 갑이 수강하기 위해 충족해야 하는 조건은 다음과 같다.

○ A를 수강하면 B를 수강하지 않고, B를 수강하지 않으면 C를 수강하지 않는다.
○ D를 수강하지 않으면 C를 수강하고, A를 수강하지 않으면 E를 수강하지 않는다.
○ E를 수강하지 않으면 C를 수강하지 않는다.

① A
② B
③ C
④ D

27. (가)와 (나)를 전제로 할 때 빈칸에 들어갈 결론으로 가장 적절한 것은?

2025년도 9급 공무원 시험 출제 기조 전환 국어 예시문제

(가) 노인복지 문제에 관심이 있는 사람 중 일부는 일자리 문제에 관심이 있는 사람이 아니다.

(나) 공직에 관심이 있는 사람은 모두 일자리 문제에 관심이 있는 사람이다.

따라서 ▭

① 노인복지 문제에 관심이 있는 사람 중 일부는 공직에 관심이 있는 사람이 아니다.
② 공직에 관심이 있는 사람 중 일부는 노인복지 문제에 관심이 있는 사람이 아니다.
③ 공직에 관심이 있는 사람은 모두 노인복지 문제에 관심이 있는 사람이 아니다.
④ 일자리 문제에 관심이 있지만 노인복지 문제에 관심이 없는 사람은 모두 공직에 관심이 있는 사람이 아니다.

28. 다음에 들어갈 수 있는 전제를 고르시오.

전제 1. 어떤 학원은 주식회사가 아니다.
전제 2. _____
결론 : 어떤 기업은 주식회사가 아니다.

① 모든 학원은 기업이다.
② 모든 학원은 주식회사가 아니다.
③ 모든 기업은 주식회사이다.
④ 모든 기업은 학원이다.

CH 7. DO IT YOURSELF

29. 다음 글의 밑줄 친 결론을 이끌어내기 위해 추가해야 할 것은?

2025년도 9급 공무원 시험 출제 기조 전환 국어 예시문제

> 문학을 좋아하는 사람은 모두 자연의 아름다움을 좋아하는 사람이다. 자연의 아름다움을 좋아하는 어떤 사람은 예술을 좋아하는 사람이다. 따라서 예술을 좋아하는 어떤 사람은 문학을 좋아하는 사람이다.

① 자연의 아름다움을 좋아하는 사람은 모두 문학을 좋아하는 사람이다.
② 문학을 좋아하는 어떤 사람은 자연의 아름다움을 좋아하는 사람이다.
③ 예술을 좋아하는 어떤 사람은 자연의 아름다움을 좋아하는 사람이다.
④ 예술을 좋아하지만 문학을 좋아하지 않는 사람은 모두 자연의 아름다움을 좋아하는 사람이다.

30. ㉠으로부터 ㉡을 도출하는 과정에서 생략된 전제로 가장 적절한 것은?

> 표상적 지식은 다시 여러 가지 기준에 따라 나눌 수 있는데, 그중에서도 '경험적 지식'과 '선험적 지식'으로 나누는 방법이 대표적이다. 경험적 지식이란 감각 경험에서 얻은 증거에 의존하는 지식으로, '그는 이 사과가 둥글다는 것을 안다'가 그 예이다. 물리적 사물들의 특정한 상태, 즉 사과의 둥근 상태가 감각 경험을 통해서 우리에게 입력되고, 인지 과정을 거쳐 하나의 표상적 지식이 이루어진 것이다. ㉠우리는 감각 경험을 통해 직접 만나는 개별적인 대상들로부터 귀납추리를 통해 일반 법칙에 도달할 수 있다. ㉡따라서 자연 세계의 일반 법칙에 대한 지식도 경험적 지식이다.

① 귀납추리는 일반 법칙에 기초해 있다.
② 귀납추리는 자연에 대한 지식을 확장해 준다.
③ 귀납추리는 지식의 경험적 성격을 바꾸지 않는다.
④ 귀납추리의 결론은 전제로부터 필연적으로 도출되지 않는다.

정답과 해설

유대종의
새로운 시선

IN:SIGHT

정답과 해설

01.	②	02.	①	03.	④	04.	②	05.	③
06.	③	07.	①	08.	②	09.	②	10.	③
11.	④	12.	④	13.	①	14.	④	15.	④
16.	②	17.	④	18.	③	19.	②	20.	③
21.	④	22.	④	23.	①	24.	④	25.	④
26.	④	27.	①	28.	①	29.	①	30.	③

01. ②

정답 풀이 '흰머리'는 용언의 관형사형 '흰(용언의 어간 '희–' + 관형사형 어미 '–ㄴ')'과 명사 '머리'가 결합한 구조이므로 용언 어간과 명사가 결합했다는 설명은 적절하지 않다.

오답 풀이
① 두 번째 문단에 따르면, 앞 성분이 뒤 성분을 수식하는 구조의 단어는 종속합성어이다. '큰아버지'는 '큰'이 '아버지'를 수식하므로 종속합성어이다.
③ '늙은이'는 본문에 제시된 '젊은이'와 같은 구조의 단어로, 어휘 의미를 지닌 두 요소(늙은, 이)가 결합해 이루어진 합성어이다.
④ 두 번째 문단에 따르면 용언 어간과 명사의 결합은 비통사적 합성어이다. '먹거리'는 용언 어간 '먹–'과 명사 '거리'가 결합한 단어이므로 비통사적 합성어이다.

02. ①

정답 풀이 용언과 용언이 이어질 때는 연결 어미가 사용되는 것이 우리말의 일반적 문장 구성 방식이다. '뛰노는'은 '뛰–(용언의 어근) + 놀–(용언의 어근) + –는'으로 분석되는데, 이 경우 용언의 어근과 어근이 연결 어미 없이 결합되고 있으므로 이는 비통사적 합성어이다.

오답 풀이
② '몰라볼'은 '모르–(용언의 어근) + –아(연결 어미) + 보–(용언의 어근) + –ㄹ(관형사형 어미)'로 분석되는데, 용언과 용언이 연결 어미 '–아'로 이어져 있으므로 통사적 합성어이다.
③ '타고난'은 '타–(용언의 어근) + –고(연결 어미) + 나–(용언의 어근) + –ㄴ(관형사형 어미)'로 분석되는데, 용언의 어근 '타–'와 용언의 어근 '나–'가 연결 어미 '–고'로 이어져 있으므로 통사적 합성어이다.
④ 관형어가 체언을 수식하는 구조는 우리말의 일반적인 문장 구성 방식이다. '지난달'은 관형어 '지난'이 체언 '날'을 수식하는 구조이므로 통사적 합성어이다.

03. ④

정답 풀이 '밀치다, 살리다, 입히다, 깨뜨리다' 중 '살리다, 입히다'는 주동사 '살다, 입다'에 사동 접사 '-리-, -히-'가 결합하여 만들어진 사동사가 맞지만, '밀치다, 깨뜨리다'는 사동사가 아니다. '-치-'와 '-뜨리-'는 사동 접사가 아닌 '강조'의 뜻을 더하는 접사이다. 그러므로 제시된 단어에 사용된 접사의 공통점으로 사동사를 만드는 역할을 한다는 말은 적절하지 않다.

오답 풀이
① '넓이, 믿음, 크기, 지우개'는 용언의 어근 '넓-, 믿-, 크-, 지우-'에 접사 '-이, -음, -기, -개'가 결합하여 명사가 된 단어들이다. 그러므로 제시된 설명은 적절하다.
② '끄덕이다, 출렁대다, 반짝거리다'는 부사 '끄덕, 출렁, 반짝'에 접사 '-이(다), -대(다), -거리(다)'가 결합하여 동사가 된 단어이다. 그러므로 제시된 설명은 적절하다.
③ '부채질'은 명사 어근 '부채'에 접사 '-질'이 결합하여 명사 '부채질'이 파생되었고, '풋나물'은 명사 어근 '나물'에 접사 '풋-'이 결합하여 명사 '풋나물'이 파생되었다. 또한 '휘감다'는 동사 '감다'에 접사 '휘-'가 결합하여 동사 '휘감다'가 파생되었고, '빼앗기다'는 동사 '빼앗다'에 접사 '-기-'가 결합하여 동사 '빼앗기다'가 파생된 것이므로 제시된 단어들에 사용된 접사는 모두 어근과 품사가 동일한 단어를 만드는 역할을 했음을 알 수 있다.

04. ②

정답 풀이 '떠넘기면'의 어간은 '떠넘기-'이다. '떠넘기-'의 직접 구성 요소는 어근 '뜨-'와 어근 '넘기-'로 분석되므로 ⓒ을 충족한다. 이 중 '넘기-'는 다시 어근 '넘-'과 접사 '-기-'로 분석된다. 즉, '떠넘기-'는 3개의 구성 요소로 이루어져 있으므로 ㉠도 충족한다.

오답 풀이
① '내리쳤다'의 어간은 '내리치-'이다. '내리치-'는 어근 '내리-'와 어근 '치-'로 분석되어 ⓒ을 충족한다. 그러나 '내리치-'는 2개의 구성 요소로 이루어져 있으므로 ㉠을 충족하지 못한다.
③ '오간다'의 어간은 '오가-'이다. '오가-'는 어근 '오-'와 어근 '가-'로 분석되기 때문에 ⓒ은 충족하지만 2개의 구성 요소로 이루어져 있어서 ㉠을 충족하지 못한다.
④ '짓밟혀도'의 어간은 '짓밟히-'이다. '짓밟히-'는 직접 구성 요소가 접사 '짓-'과 어근 '밟히-'로 분석되기 때문에 ⓒ을 충족하지 못한다. '밟히-'는 다시 어근 '밟-'과 접사 '-히-'로 분석되기 때문에 '짓밟히-'는 3개의 구성 요소로 이루어져 있으므로 ㉠은 충족한다.

유대종의 새로운 시선(IN:SIGHT)

정답과 해설

05. ③

정답 풀이 ㉠ '간접존경'은 '존경의 대상과 긴밀한 관련을 가지는 인물이나 사물 등을 높이는' 것이다. 그러나 '언니는 아버지가 너무 건강을 염려하신다고 말했다.'에서 '건강을 염려하신다'의 주어는 '아버지'이므로 이는 '간접존경'이 아닌 '직접존경'을 나타낸 문장이다.

오답 풀이
① '(자식이) 다섯'이 '있으시다'의 주어이지만, 이는 '고모'와 긴밀한 관련을 가진 자식의 수를 의미하므로 '있다'가 아닌 '있으시다'로 간접존경 표현을 나타낸 것이다.
② 할머니의 신체 부위인 '다리'를 '아파서'가 아닌 '아프셔서'와 같이 높여 사용함으로써 간접존경 표현을 한 것이다.
④ 할아버지의 신체 부위인 '수염'을 '많다'가 아닌 '많으셨다'로 높임으로써 간접존경 표현을 한 것이다.

06. ③

정답 풀이 "구청에 가려면 어느 쪽으로 가야 하나요?"라는 의문문은 목적지까지 가는 길을 모를 때라는 담화 상황으로 볼 때, 길을 묻는 의도가 직접적으로 드러난 발화이므로 간접적으로 표현한 사례로 적절하지 않다.

오답 풀이
① ㉠은 귀가한 후 누나에게 한 발화로, 물을 달라는 의도를 간접적으로 표현한 사례로 볼 수 있다.
② ㉡은 교실이 춥다는 상황에서 창가에 앉은 학생에게 한 발화로, 단순히 창문이 열렸다는 사실을 전달하려는 의도가 아니라 창문을 닫게 하려는 의도를 간접적으로 표현한 것으로 볼 수 있다.
④ ㉣은 의문형으로 표현되었지만 동생에게 대답을 요구하는 발화가 아닌, 옷을 빌려 달라는 동생에게 빌려주고 싶지 않다는 의도를 간접적으로 표현한 것으로 볼 수 있다.

07. ①

정답 풀이 새말은 '새로운 사물 표현 필요 or 진부해서'가 그 이유다. 그러니까 바꿔 쓴다는 말은 이미 있는 단어라는 것이고, 새로운 사물을 표현하기 위한 것은 아닌 것이다. 오히려 진부하기에 새 표현으로 바꾸려는 대중적 욕구와 상관이 있는 것이다.

오답 풀이
② '방가', '컴'은 기존의 표현을 새롭게 바꾸려는 욕구가 반영된 것으로 볼 수 있다.
③ '반가워(요)', '컴퓨터'로 글자를 입력하는 것보다, '방가', '컴'으로 입력하면 입력 속도가 줄어들기 때문에 이를 고려한 것으로 볼 수 있다.
④ '컴', '방가'는 단어의 일부만 써서 표현한, 어법에 맞지 않는 말이다.

08. ②

정답 풀이 우선 성동격서로 푸는 팁부터. '이러한'이라는 지시어는 앞과 뒤를 포괄한다. 그렇다면 발문이 그러한 사람이 '아닌' 것을 찾으니까, '그럼에도 불구하고'라는 역접어 앞부분에 정답이 있을 것이다. ⓑ의 이러한 생각에 사로잡힌 사람이란, 자신의 관점에 따라 어느 것이 낫고 어느 것이 모자라다며 제각기 자랑하고, 어느 것이 뛰어나고 어느 것이 뒤진다며 제각기 평을 내리는 사람에 해당한다. 더불어 이러한 사람은 천하의 이름난 산과 빼어난 승경(勝景)을 모조리 자기가 소유한 뒤에라야 비로소 흡족해하며 작은 볼거리에 구속되어 큰 볼거리를 놓치는 사람일 것이다. 주말에 지리산에 갔는데 갈 때마다 모습도 다르고 느낌도 달라서 참 좋았다는 것은 이러한 태도를 보이는 것이 아닌, '또 같은 장소라 해도 경관이 차이가 나고, 같은 풍경이라도 때에 따라 변모한다.'를 보여 주는 태도이므로 적절하지 않다.

오답 풀이
① 휴양림을 늘 자신 곁에 두고 보고 싶어, 집에 작은 정원을 만들려는 것을 봤을 때, '자기가 소유한 뒤에라야 비로소 흡족해 할' 사람이라는 것을 판단할 수 있다. 따라서 ⓑ와 같은 사람의 태도에 해당한다고 볼 수 있다.
③ 강릉 경포대의 진면목을 알려면 「관동별곡」을 읽어야 한다는 것을 봤을 때, 고정 관념에 사로잡힌 태도라 할 수 있겠다. 따라서 ⓑ와 같은 사람의 태도에 해당한다고 볼 수 있다.
④ ⓑ의 이러한 생각에 사로잡힌 사람이란, 자신의 관점에 따라 어느 것이 낫고 어느 것이 모자라다며 제각기 자랑하고, 어느 것이 뛰어나고 어느 것이 뒤진다며 제각기 평을 내리는 사람에 해당한다. '유명한 산악인들이 추천하는 명산이기 때문에' 한라산을 가 보고 싶다는 것은, 어느 것이 뛰어나고 어느 것이 뒤진다며 제각기 평을 내리는 태도를 따르는 것으로 볼 수 있으므로 적절하다.

유대종의 새로운 시선(IN:SIGHT)

정답과 해설

09. ②

<정답 풀이> 신이 인간을 위해 지상에 내려와 왕이 되는 경우는 한국 신화의 흥미로운 양상 중, 무속신화가 아닌 '건국 신화'에 해당하는 경우이다.

<오답 풀이>
① 3문단에서 한국 신화와 달리 위계적이고 종속적인 '신과 인간의 관계'를 보여 주는 것으로 히브리 신화가 제시되고 있다. 이를 고려했을 때, 적절하다.
③ '한국 신화에서 신은 인간과의 결합을 통해 결핍을 해소함으로써 완전한 존재가 되고'를 보여 주는 것은 한국 건국 신화 내용이다. 1, 2문단의 내용을 고려했을 때, 적절하다고 판단할 수 있다.
④ 2문단의 '한국 신화에서 신과 인간은 서로의 존재를 필요로 한다는 점에서 상호 의존적이고 호혜적이다'와 3문단에 제시된 '신체 화생 신화'의 특징을 고려했을 때, 한국 신화에 보이는 신과 인간의 관계는 상호 의존적이고 호혜적이지만, 신체 화생 신화에 보이는 신과 인간의 관계는 종속적이라는 것을 확인할 수 있다.

10. ③

<정답 풀이> 3문단에서 타국 신화는 한국 신화와 달리 위계성이 있다고 하였으므로, 한국 신화는 위계성이 없다.

<오답 풀이>
① 호혜성이 있는 것은 한국 신화의 공통적 특징이다.
② 인간이 신에게 종속적이다.
④ 신이 죽음을 맞게 된 후, 신체가 해체되는 것이다. 신의 죽음이 먼저이다.

11. ④

정답 풀이 '사생활의 정치화'는 카린 하우젠의 '종속'의 관점에서 제시되는 것이며 이는 대중의 일상이 구조에 의해 철저히 종속되는 모습을 가리키는 것이다. 크리스토퍼 브라우닝은 일상사적 역사 이해 및 서술과 관련하여 '자율'의 관점에서 설명하였는데, '몰살 정책을 언제나 충실히 따르지 않는 모습', '과잉 학살'을 제시하고 데틀레프 포이케르트는 이를 '정치의 사생활화'라 명명하였다. 이는 종속의 관점이 아닌 자율의 관점, 즉 탈종속적인 자율의 측면에서 바라본 것이므로 적절하다고 판단할 수 있다.

오답 풀이
① '카린 하우젠은 사례 연구를 통해 근대 이래 대중들의 행위가 장기적으로는 점점 더 구조에 종속되고 있다는 사실을 입증'하였다는 내용만을 주목하여 단순히 크로스 체크했다면, 충분히 정답으로 착각할 수 있는 선지이다. 근대 사회의 구조와 과정을 조명하고자 노력한 것은, 1문단의 내용을 고려했을 때, '위르겐 코카를 중심으로 한 기존의 사회사 연구'가 한 것이다. 카린 하우젠은 근대화가 초래한 희생과 부담에 주목하여 익명의 구조와 과정보다는 살아 숨 쉬는 사람들의 주체성과 경험을 강조하였고, 이와 관련하여 '종속'의 관점을 보이고 있다.
② 2문단의 '한편' 이후에 제시된 내용을 주목할 필요가 있다. '자발적 밀고, 폭력에 대한 방관, 과잉 학살 등이 존재하였다고 한다'와 '폭압 체계에서 대중들의 일탈적 행위, 정치에 대한 무관심, 사적 영역에의 몰입, 노골적 불복종 등과 같은 다양한 형태의 저항 행위들 또한 발견되었다.'의 내용 모두, 자율의 관점으로 설명되고 있다.
③ '사생활의 정치화'는 카린 하우젠의 '종속'의 관점에서 제시되는 것이며 이는 대중의 일상이 구조에 의해 철저히 종속되는 모습을 가리키는 것이다. 크리스토퍼 브라우닝은 '몰살 정책'을 언제나 충실히 따르지 않는, 그리고 합리적인 세부 지침에 따르지 않고 과잉 학살 등의 모습을 보인 나치군의 행동을 '정치의 사생활화'로 볼 것이다.

12. ④

정답 풀이 '이익은 중국족의 습속까지 예악에 포함시켰던 노론 계열의 소화 의식과는 달리'를 보았을 때, 중국족의 습속까지 예악에 포함시킨 이는 노론 계열, 그리고 이를 예악에서 배제한 이는 이익임을 알 수 있다. 이익은 이렇게 예악을 유교적인 것으로 국한시킴으로써 소중화 의식을 내용 면에서 본질적으로 수정했기에, 독립된 역사적 세계로서의 조선 인식에 기초하여 기존의 인식에서 조선의 독자성에 대한 인식에까지 나아갈 수 있었다는 것을 알 수 있다.

오답 풀이
① 노론 계통 사상가들도 중화와 오랑캐의 구분은 지리 경계나 종족에 있지 않다고 보면서, '오늘날에는 우리가 중화'라고 주장했다는 것을 확인할 수 있다. 이렇게 중국 밖에서도, 화가 성립될 수 있다는 인식을 엿볼 수 있으므로 중국 지역이 아니라면 '화'가 성립될 수 없다고 보았다는 것은 적절하지 않다.
② 중국 밖에서도, 비중국족에 의해서도 화가 성립될 수 있다는 인식이 문화 중심 화이론의 성립으로 이어진 것이기에, '문화 중심 화이론'을 주장하는 이들은 화이의 구분이 지리 경계나 종족에 있다고 보지 않는다.
③ '다시 말해 이익은 중국족의 습속까지 예악에 포함시켰던 노론 계열의 소화 의식과는 달리, 예악을 유교적인 것으로 국한시킴으로써 소중화 의식을 내용 면에서 본질적으로 수정했던 것이다.'를 고려했을 때 적절하지 않다.

정답과 해설

13. ①

정답 풀이 문학 평론은 수능장에서 자주 우리가 접했던 〈보기〉와도 유사하다. 즉 출제자의 응집된 해석이 존재하기 마련이고, 그 글의 흐름은 주로 일반적인 것에서 구체적인 것으로 나아가기 마련이다. 2문단은 곧 1문단에 대한 사례라고 생각하면 된다. 그렇다면 사례는 핵심의 요소들이 재진술되는 부분이 존재한다. 즉, ㉠의 주변은 고뇌, 민감한 주제 등이 앞 문단의 고투, 논의 의제와 연결되므로 문제의 해결성이며, ㉡의 주변은 당시의 시공간이 1문단에 나온 우리가 살고 있는 시공간과 연결될 수 있기에 세계의 현실성이다. 나아가, ㉢은 근저에서 흔들었다는 이야기와 자살을 선택했다는 사실이 그 앞 문단에 등장하는 좌표를 흔들면서 선택지를 제출할 때와 동일하므로 해결의 현실성으로 볼 수 있다.

14. ④

정답 풀이 다음 글에서 '상황의 구체적 의미'는 작품에 반영된 사회적·문화적 의미를 문학 작품 창작 당시와 연관시켜 해석할 때 드러난다고 했는데, 여기서 핵심이 되는 것은 '문학 작품 창작 당시와 연관시켜 해석'한다는 것이다. 따라서 '이명준이 겪은 사건을 창작된 시대의 상황 및 그 시기에 작가가 가졌던 가치관과 연결하여 그 의미를 알아본다.'라고 한 ④번이 상황의 구체적 의미를 바탕으로 이 작품을 이해하기 위해 가장 필요한 활동임을 알 수 있다.

15. ④

정답 풀이 제시문에 따르면 '믿을 수 없는 서술'의 비신빙성을 형성해 가는 요인들은 크게 네 가지로 유형화될 수 있다. 해당 문항은 2문단에 제시된 각각의 한국소설에서 '믿을 수 없는 서술'을 형성하는 요인이 1문단의 어떠한 유형에 해당하는지를 확인하는 작업이 요구되었다. 먼저 김동인의 「발가락이 닮았다」의 경우 서술자인 '나'가 총각 M의 친구이자 의사이며, '서술자의 친분에서 비롯된 선입견이 작동'한다고 설명되어 있다. 이는 '서술자가 다른 인물과 맺은 개인적 연루 관계(=친분)가 서술자의 이성적인 판단을 흐리게 하여 편견(=선입견)에 사로잡힌 서술을 낳는 경우'에 해당한다. 따라서 ㉠은 '개인적 연루 관계'에 해당한다. 참고로 「발가락이 닮았다」의 서술자는 의학적 지식이 있는 인물이므로, '서술자의 지식 수준이 사회적·도덕적 상식에 미치지 못하'는 경우에 해당한다고 보기 어렵다. 다음으로 염상섭의 「제야」의 경우 서술자는 '구시대의 성관념'이라는 당대 현실의 리얼리티에 대해 '현대적 윤리'라는 독특한 관점을 견지하는 인물인데, 이는 '봉건적 가치관에 사로잡힌 독자에게 새로운 관점을 제공'한다고 설명되어 있다. 이는 '당대 현실의 리얼리티에 대해 독특한 관점을 제시하는 특이한 개성을 소유한 서술자가 등장하는 경우'에 해당한다. 따라서 ㉡은 '특이한 개성'에 해당한다. 참고로 ㉡이 '문제적인 가치규범'에 해당하려면 서술자의 가치규범이 '작품이 전달하려는 주제의식과 대립을 형성'해야 하는데, 「제야」가 전달하려는 주제의식은 '봉건적 가치관에 사로잡힌 독자'를 향한 '새로운 관점'으로서 '신여성'인 서술자가 보여 주는 '현대적 윤리'이므로, 서술자의 가치규범이 작품의 주제의식과 대립을 형성한다고 볼 수 없다. 마지막으로 채만식의 「치숙」의 경우 '식민지 상황을 긍정하고 기꺼이 일본에 동화하려는 서술자의 가치관'이 '독자의 비판의식을 맹렬하게 이끌어' 낸다고 설명되어 있는데, 이는 '서술자가 문제적인 가치규범(=일본에 동화)에 윤색되어 있어 작품이 전달하려는 주제의식(=친일에 대한 비판의식)과 대립을 형성하는 경우'에 해당한다. 따라서 ㉢은 '문제적인 가치규범'에 해당한다.

16. ②

정답 풀이 마지막 문단에 기술되었듯이, 마지막 4연은 외면이나 도피가 아닌, 현실을 새롭게 규정하는 적극적 행위로 읽어야 한다.

오답 풀이
① 뚜렷한 계절의 변화는 기술되어 있지 않다.
③ 반목과 화해를 거듭한 적이 없다.
④ 절망하는 것에서 투사의 면모가, 희망을 놓지 않으려는 것에서 시인의 면모가 나타나는 것이다.

17. ④

정답 풀이 정신적이고 적극적 자아, 즉 저항적 자아는 마지막까지 이어진다고 기술되어 있으므로 해당 선지는 적절하지 않다.

오답 풀이
① 밤비, 육첩방 등으로 시공간적 배경을 확인할 수 있다.
② 침전, 절망하는 등으로 확인할 수 있다.
③ 마지막 10연에서 적극적 자아가 소극적 자아에게 눈물과 위안으로 악수를 하는 것은 바로 지문의 1문단에서 등장한 연민을 바탕으로 한 주관 사이의 진정한 화해이다.

정답과 해설

18. ③

정답 풀이 "우리 민족이 공유하던 구비 문학을 기반"으로 하는 「접동새」는 "당시 평안도 지방에 전해 내려오던 '접동새 설화'를 수용하여 재창조하는 작품"이다. 따라서 「접동새」가 기반으로 하는 우리 민족의 구비 문학이란 "접동새 설화"임을 알 수 있다. 「접동새」에서 "아홉 오래비"를 변형시킨 "아우래비"는 접동새 울음의 생생한 청각적 이미지를 의미와의 연관 속에서 제시하는 독창적인 시어"인데, 여기에서 "아홉 오래비"는 "출가를 앞두고 계모에게 억울하게 죽은 큰누나의 원혼이 접동새가 되어 남은 동생들을 못 잊고 밤마다 구슬피 운다는" 접동새 설화의 내용을 고려할 때 "남은 동생들"에 해당함을 알 수 있다. 그러므로 「접동새」의 "아우래비"는 우리 민족의 구비 문학(접동새 설화)과 관련된 표현인 "아홉 오래비"를 "아우래비"라는 접동새 울음으로 재창조한 독창적인 시어라고 할 수 있다.

오답 풀이
① 「접동새」는 "평안도 진두강가에 살았던 오누이의 슬픈 이야기로, 출가를 앞두고 계모에게 억울하게 죽은 큰누나의 원혼이 접동새가 되어 남은 동생들을 못 잊고 밤마다 구슬피 운다"는 내용인 "접동새 설화"를 수용하고 있을 뿐이다. 「접동새」가 실제 시인의 누나에 관련된 체험을 바탕에 두고 있는지는 제시문의 내용으로 알 수 없다.
② 「접동새」에서 누이가 죽은 것이지, 동생이 죽은 것은 아니다.
④ 「접동새」가 "민중들의 집단적인 감수성에 기대어 시적 주체의 감정을 보편적인 정서로 일반화"시키는 것은 사실이다. 그러나 「접동새」가 수용하는 "접동새 설화는 평안도 진두강가에 살았던 오누이의 슬픈 이야기로, 출가를 앞두고 계모에게 억울하게 죽은 큰누나의 원혼이 접동새가 되어 남은 동생들을 못 잊고 밤마다 구슬피 운다는 내용"이다. 따라서 「접동새」가 "이러한 설화를 이끌어 와 당시에 나라를 잃고 슬픔에 빠진 우리 민족의 심정을 절실한 가락으로 노래"한 작품이라고 볼 수는 있어도, 이는 2문단의 내용처럼 "설화의 단순한 차용이나 반복에 그치지 않는 현대시적 변용과 재창조"를 통해 가능했던 것이지, 그 설화 속의 평안도 오누이가 나라를 잃고 슬픔에 빠졌었다고 보기는 어렵다.

19. ②

정답 풀이 영웅소설의 주인공은 원점에서 분리되고, 이형식 역시 이상적 원점을 상실하므로 해당 선지는 적절하다.

오답 풀이
① 고소설은 회귀의 크로노토프가 작동한다.
③ 두 사람의 결합은 곧 회귀를 의미하며 이형식은 이를 거부한다.
④ 가정소설의 원점은 평화로운 공존이며, 만약 그런 결말은 원점으로의 복귀 그 자체가 될 것이다.

20. ③

정답 풀이 공통점은 두 대상을 구분하기 전이나 공통적인 단어에서 찾도록 한다. 두 주인공 모두 근대화를 긍정적으로 인식하므로 해당 선지는 타당하다.

오답 풀이
① 1문단에 따르면 문학 장치에 나오는 주인공들은 세계와의 불화 속에서 문제를 해결하는 존재이므로 이는 둘 모두의 공통점에 해당한다.
② 현실과의 냉정한 거리를 확보한 것은 이인화이므로 염상섭에 대한 설명에 해당한다.
④ 일본인의 착취, 억압을 드러내고자 했던 것은 이인화, 즉 염상섭에 대한 설명에 해당한다.

21. ④

정답 풀이 제시문에서 '사대부가 주된 향유층이었던 사대부 가사에는 ~ 작품이 있다'라는 내용에 따르면 「면앙정가」가 자연을 벗 삼아 누리는 즐거움을, 「고공가」는 유교적 윤리의 실천을 드러내는 작품임을 알 수 있다. 또한 '한국의 사대부 가사가 한정된 주제를 중심으로 창작된 것은 중개자의 욕망을 모방한 주체도 다른 주체에게 욕망을 중개'했기 때문이므로, 마찬가지로 사대부 가사인 「면앙정가」와 「고공가」도 자신의 욕망을 다른 주체에게 중개하는 역할을 수행했을 것이다. 따라서 「면앙정가」는 자연을 벗 삼아 누리는 즐거움을, 「고공가」는 유교적 이념의 실천이라는 욕망을 다른 주체에게 중개하는 역할을 수행했을 것이라는 설명은 적절하다.

오답 풀이
① 제시문에서 '화자는 자신의 허영심으로 인해 내면에 세워진 수많은 공장들을 보게 된다'라는 내용을 확인할 수 있기는 하나, 이때의 '공장'은 실제 공장이기보다 화자의 '내면'에 세워진 것으로서 '욕망을 주체적으로 설정하며 살아오지 못했던 화자'의 삶에 생겨난 '폐해'를 상징한다고 이해하는 것이 자연스럽다. 화자의 내면에 세워진 '공장'이 무분별한 산업화의 결과를 의미한다는 설명은 제시문에서 확인할 수 없다.
② 「질투는 나의 힘」은 '화자가 추구했던 수많은 욕망들이 허영심에서 비롯되었다는 사실에 대한 성찰'을 보여 주는 작품이다. 이는 자신의 욕망이 '자발적이고 주체적으로 발생하는 것이 아니라 타인의 욕망을 모방한 것일 뿐'이라는 사실을 깨닫게 된 모습을 보여 준다고 할 수 있다. 그러므로 타인이 자신의 모습을 모방하는 것은 해당 시에서 등장하지 않으므로 해당 선지는 적절하지 않다.
③ 「면앙정가」와 「고공가」가 개인의 정체성이 약화된 삶의 모습을 드러낸다는 설명은 적절하다. 그러나 '화자가 추구했던 수많은 욕망들이 허영심에서 비롯되었다는 사실에 대한 성찰을 보여 주는' 「질투는 나의 힘」은 '욕망을 주체적으로 설정하며 살아오지 못했던' 화자의 삶을 반성하는 작품이다. 따라서 「질투는 나의 힘」이 개인의 정체성을 항상 지켜 왔던 삶의 모습을 드러낸다는 설명은 적절하지 않다.

22. ④

정답 풀이 윗글에서 앳킨슨은 스톤헨지를 세운 사람들을 '야만인'으로 묘사하면서, 이들은 호킨스의 주장과 달리 과학적 사고를 할 줄 모른다고 주장했음을 확인할 수 있다. 이러한 점에 비추었을 때, 기원전 3,000년경 인류에게 천문학 지식이 있었다는 증거가 발견되면 앳킨슨의 주장은 약화될 것이므로 적절하다.

오답 풀이
① 윗글에서 천문학자 호킨스는 스톤헨지의 모양이 태양과 달의 배열을 나타낸 것이라는 의견을 제시했다는 것을 확인할 수 있다. 스톤헨지가 제사를 지내는 장소였다는 후대 기록이 발견된다면, 제사를 지내는 것과 천문학적 내용은 직접적인 관련이 없기에, 이것이 호킨스의 주장을 강화하지는 않는다.
② 윗글에서 천문학자 호일은 스톤헨지가 일종의 연산장치라는 주장을 하였다는 것을 확인할 수 있다. 스톤헨지 건설 당시의 사람들이 숫자를 사용하였다는 증거가 발견되면 호일의 주장은 강화될 것이므로 적절하지 않다.
③ 글쓴이의 주장은, 스톤헨지가 건설된 때에 현대인과 같은 지능을 가졌다 하더라도 그들은 과학적 사고와 기술적 지식을 가지지 못했다는 입장이다. 스톤헨지의 유적지에서 수학과 과학에 관련된 신석기시대 기록물이 발견되면 글쓴이의 주장은 오히려 약화될 것이다.

23. ①

정답 풀이 3문단에 따르면 '그렇지 않다면, 사람들이 행복 기계에 들어가 행복한 거짓 믿음 속에 사는 편을 택하지 않을 이유가 없다'며 결론을 정당화하고 있다. 따라서 대부분의 사람이 참인 믿음을 가지기를 선호하기보다 행복 기계에 들어가는 편을 택하면 결론의 정당성이 약화될 것이므로 적절하지 않다고 판단할 수 있다.

오답 풀이
② 2문단에 드러나듯, 해당 논리에서 중요한 것은 행복 기계에 대한 사람들의 '태도'이지, 행복 기계의 실존에서 논지가 도출되고 있는 것은 아니므로 적절하다고 판단할 수 있다.
③ 참인 믿음은 기초 선호이기 때문에 행복 기계에 들어가지 않는다는 것이 이 글의 핵심 논지이다. 만약, 참과 무관하다면 핵심 논지는 약화될 것이다.
④ 1, 3문단에서 제시되었듯, 윗글은 '참인 믿음이 우리에게 아무런 이익이 되지 않'아도 '참인 믿음을 선호'한다는 것을 주장하고 있는 것이므로, 적절하다고 판단할 수 있다.

24. ④

정답 풀이 1문단에 따르면 전곡리 주먹도끼가 세계 학자들의 주목 대상이 된 것은 그동안 동아시아에서는 찍개만 발견되었을 뿐, 전기 구석기의 대표적인 석기인 주먹도끼는 발견되지 않았기 때문이다. ㉠은 이 주먹도끼가 인도 동부에 있는 가상의 선인 모비우스 라인 동쪽으로는 발견되지 않았다는 것을 근거로, 동아시아를 찍개 문화권으로 규정하고 서쪽에 속하는 유럽 등에 비해 찍개를 사용하는 동아시아 등의 동쪽 지역은 지적인, 문화적인 발전 속도가 뒤떨어졌다 주장하는 이론이므로 모비우스 라인 동쪽으로 찍개 문화권이라 규정된 동아시아에서도 주먹도끼가 발견되고 전곡리 유적이 전기 구석기 시대의 유적으로 확증된다면 더 이상 이론이 성립할 수 없게 되어 약화될 것이라고 판단할 수 있다.

오답 풀이
① 3문단에 따르면 모비우스 학설은 가상의 모비우스 라인을 기준으로 지역을 주먹도끼 문화권과 찍개 문화권으로 나누고 후자가 지적, 문화적 발전 속도가 뒤떨어진다고 주장하는 것이다. 지문 전체에서 지능과 두개골의 연관 관계가 제시되지 않은 점을 고려할 때, 해당 정보가 ㉠ 이론을 강화할 수 있다고 보기는 어렵다.
② 2문단에 따르면 형식적 조작기 수준의 인지 능력은 주먹도끼를 만들기 위해 갖추어야 할 조건이다. ㉠ 이론은 모비우스 라인이라는 가상의 선을 기준으로 동아시아 문화권을 찍개 문화권으로, 유럽 문화권을 주먹도끼 문화권으로 규정하고 전자가 후자에 비해 지적, 문화적 발전 속도가 느리다고 주장하는 것이다. 그런데 주먹도끼를 만들 수 있는 정도의 인지 능력을 갖춘 인류가 동아시아에 먼저 출현한 뒤, 이 인류가 유럽에 이동한 것이라면 동아시아의 지적, 문화적 발전 속도가 유럽보다 느리다고 주장할 수 없어, 주장이 강화되지 못하고 약화될 것이다.
③ 2문단에 따르면 계획과 실행을 할 수 있는 능력이 있어야 주먹도끼를 만들 수 있으므로, 주먹도끼를 통해 계획과 실행 능력을 확인할 수 있다. 이런 능력이 동아시아의 인류에도 있었다면, 모비우스 라인이라는 가상의 라인을 기준으로 주먹도끼가 발견되지 않은 라인 동쪽 지역인 동아시아 지역이 서쪽 지역에 비해 지적 발전 속도가 뒤떨어졌다고 주장할 수 없게 되므로 ㉠은 강화되는 것이 아니라 약화될 것이다.

25. ④

정답 풀이 오 주무관이 회의에 참석하면, 박 주무관도, 홍 주무관도 참석하게 된다.(오 → 박 → 홍) 그러므로 오 주무관이 회의에 참석하면, 홍 주무관도 참석할 것이다. 이것의 대우에 따라, 홍 주무관이 참석하지 않으면 오 주무관도 회의에 참석하지 않는다.(~홍 → ~박 → ~오)

오답 풀이
① 홍 주무관이 회의에 참석하지 않으면, 공 주무관도 참석하지 않으므로(~홍 → ~공) 대우를 취하면 공 주무관이 회의에 참석했다는 것은 홍 주무관도 회의에 참석했다는 것이다.(공 → 홍) 그런데 박 주무관이 회의에 참석하면 홍 주무관도 참석한다는 것(박 → 홍)이 역(홍 → 박)으로서 반드시 옳다고 할 수 없다. 결국 공 주무관이 회의에 참석하면 홍 주무관 역시 회의에 참석하지만, 박 주무관 역시 참석하는지는 반드시 참이 아니다.
② 오 주무관이 회의에 참석하면, 박 주무관도 참석한다. 그런데 두 번째 진술에 의해 박 주무관이 회의에 참석하면 홍 주무관도 참석(오 → 박 → 홍)하므로 거짓이다.
③ 박 주무관이 회의에 참석하지 않으면, 오 주무관도 참석하지 않는 것일 뿐, 공 주무관의 참석이 반드시 참인 것은 아니다.

26. ④

정답 풀이 'A를 수강하면 B를 수강하지 않고, B를 수강하지 않으면 C를 수강하지 않는다.'는 'A → ~B → ~C'로 표현할 수 있고, 이것의 대우는 'C → B → ~A'이다. 'D를 수강하지 않으면 C를 수강하고'는 '~D → C'가 되며, 이것의 대우는 '~C → D'가 된다. 'A를 수강하지 않으면 E를 수강하지 않는다.'는 '~A → ~E'가 되며 이것의 대우는 'E → A'가 된다. 'E를 수강하지 않으면 C를 수강하지 않는다.'는 '~E → ~C'가 되며 이것의 대우는 'C → E'가 된다. A를 수강하면 C를 수강하지 않는다.(이하 1) 그런데 C를 수강하면 E를 수강하고, E를 수강하면 A를 수강한다.(이하 2) (1)과 (2)에 의해 C는 수강이 불가능하다. C가 수강이 불가능하면 D를 수강해야만 한다.

유대종의 새로운 시선(IN:SIGHT)

정답과 해설

27. ①

정답 풀이 일자리 문제에 관심이 없는 누군가는, 노인 복지 문제에 관심이 있는 사람이다. 일자리 문제에 관심이 없다면 공직에 관심이 있는 사람이 아니다. 즉 일자리 문제에 관심이 없으며, 노인 복지 문제에 관심이 있는 누군가가 있다면 그 사람은 공직에 관심이 있는 사람이 아니기 때문에 해당 선지는 타당하다.

오답 풀이
② 해당 전제들을 통해, 공직에 관심 있는 사람들 중 일부가 노인 복지 문제에 관심이 있는 사람이 아님을 도출할 수는 없다.
③ (가)에 따르면 노인복지 문제에 관심이 있는 사람 중에서 일부만이 일자리 문제에 관심이 없을 뿐이므로, 일자리 문제에 관심이 있으며 공직에 관심이 있는 사람에 대해 모두가 노인 복지 문제에 관심이 없다는 결론을 도출할 수는 없다.
④ (나) 조건에 따르면 공직에 관심이 있는 사람은 모두 일자리 문제에 관심이 있으므로, 일자리 문제에 관심이 없는 사람은 공직에 관심이 있는 사람이 아닌 것을 도출할 수 있을 뿐이다. 공직과 노인복지 문제의 관심이 직접적으로 연결된 바 없으므로, 노인복지 문제에 관심이 없다고 하여 공직에 관심이 없다는 결론을 도출할 수는 없다.

28. ①

정답 풀이 어떤 학원은 주식회사가 아니다. 그런데 만약 해당 선지의 전제처럼, 모든 학원이 기업이라면, 주식회사가 아닌 어떤 학원은 기업이며, 그 기업은 주식회사가 아니므로 해당 선지는 타당하다.

오답 풀이
② 모든 학원은 주식회사가 아니라는 것은 전제 1을 확장한 것에 지나지 않는다. 학원과 기업 사이에 연결이 없다면 그로부터 결론을 이끌어 낼 수는 없다.
③ 모든 기업은 주식회사라면 결론과 모순된다.
④ 모든 기업은 학원이라는 전제를 바탕으로 하더라도, 어떤 기업은 주식회사가 아니라고 단정 지을 수는 없다.

29. ①

정답 풀이 예술을 좋아하는 어떤 사람은 자연의 아름다움을 좋아한다. 만약 자연의 아름다움을 좋아하는 사람이 모두 문학을 좋아하는 사람이라면, 예술을 좋아하는 그 어떤 사람은 문학을 좋아할 것이므로 해당 선지는 타당하다.

오답 풀이
② 문학을 좋아하는 어떤 사람은 자연의 아름다움을 좋아하는 사람이라는 것은 문학을 좋아하는 사람은 모두 자연의 아름다움을 좋아하는 사람이라는 것을 축소한 것이다. 이미 전제에 함축해 있는 것이므로 추가해서 결론을 이끌어 낼 수 있는 것으로 볼 수는 없다.
③ 선지의 내용은 (자연 Like and 예술 Like)의 위치를 바꾼 것이며, 이를 추가하여 결론을 이끌어 낼 수 없다.
④ 예술을 좋아하지만 문학을 좋아하지 않는 사람들이 모두 자연의 아름다움을 좋아한다면, 예술을 좋아하는 이들이 자연을 좋아한다는 것일 뿐, 예술과 문학의 관계를 귀결시킬 수는 없다.

30. ③

정답 풀이 일반 법칙에 도달하려면 귀납추리를 필요로 한다. 만약 귀납추리가 지식의 경험적 성격을 유지한다면, 일반 법칙 또한 경험적 지식일 것이다.

오답 풀이
① 귀납추리는 일반 법칙이 아닌 감각적 경험에 기초한다. ㉠에 따르면 귀납추리를 통해 일반 법칙에 도달하는 것이므로, 적절하지 않다.
② 귀납추리가 자연에 대한 지식을 확장해 준다는 것에서 ㉡이 도출된다면, 자연에 대한 지식이 확장되면 그것은 경험적 지식인 것이라야 한다. 그런데 선지에 그러한 내용이 내재되어 있지 않음은 물론이고 이것이 일반 법칙이 경험적 지식이라는 사실을 뒷받침하진 않는다. 따라서 해당 선지를 ㉠으로부터 ㉡을 도출하는 과정에서 생략된 전제로 보기는 어렵다.
④ 귀납추리의 결론은 전제로부터 필연적으로 도출되지 않는다는 것이 그를 통해 도달할 수 있는 일반 법칙에 대한 지식이 경험적 지식임을 보일 수 있는 것이기 위해서는 결론이 전제로부터 필연적으로 도출되지 않으면 그것은 경험적 지식이라고 할 수 있다는 정보가 추가로 있어야 한다. 그런데 선지에 그러한 내용이 내재되어 있지 않음은 물론이고, 제시된 글 전체를 살핀다고 하더라도 그러한 내용을 확인할 수는 없다. 더불어 해당 선지를 ㉠으로부터 ㉡을 도출하는 과정에서 생략된 전제로 보기에는 매우 무관한 내용이다.

빠른 정답

CH1. 지문형 문법을 바라보는 새로운 시선 1
008

01. ②　02. ①　03. ④　04. ②

CH3. 독해를 바라보는 새로운 시선 1　026

01. ②　02. ③　03. ④　04. ④

CH2. 지문형 문법을 바라보는 새로운 시선 2
018

01. ③　02. ③　03. ①　04. ②

CH4. 문학 평론을 바라보는 새로운 시선　034

01. ①　02. ④　03. ④　04. ②　05. ④
06. ③　07. ②　08. ③　09. ④

CH5. 독해를 바라보는 새로운 시선 2   050

01. ④   02. ①   03. ④

CH6. 논리를 바라보는 새로운 시선   058

01. ④   02. ④   03. ①   04. ①   05. ①
06. ③

CH7. DO IT YOURSELF   066

01. ②   02. ①   03. ④   04. ②   05. ③
06. ③   07. ①   08. ②   09. ②   10. ③
11. ④   12. ④   13. ①   14. ④   15. ④
16. ②   17. ④   18. ③   19. ②   20. ③
21. ④   22. ④   23. ①   24. ④   25. ④
26. ④   27. ①   28. ①   29. ①   30. ③